# 共通テスト

## 新課程 攻略問題集

# 国語 現代文

JN022816

教学社

# はじめに

## 『共通テスト新課程攻略問題集』刊行に寄せて

本書は、二〇二五年一月以降に「大学入学共通テスト」（以下、共通テスト）を受験する人のための、基礎からわかる、対策問題集です。

二〇二五年度の入試から新課程入試が始まります。共通テストにおいても、教科・科目が再編成されますが、二〇二二年に高校に進学した人は、一年生のうちから既に新課程で学んでいますので、まずは普段の学習を基本にしましょう。

新課程の共通テストで特に重視されるのは、「思考力」です。単に知識があるかどうかではなく、知識を使って考えることができるかどうかが問われます。また、学習の過程を意識した身近な場面設定が多く見られ、複数の資料を読み取るなどの特徴もあります。とは言え、これらの特徴は、二〇二一年からの共通テストや、その前身の大学入試センター試験（以下、センター試験）の出題の傾向を引き継ぐ形です。

そこで本書では、必要以上にテストの変化にたじろぐことなく、落ち着いて新課程の対策が始められるよう、大学入試センターから公表された資料等を詳細に分析し、対策に最適な問題を精選しています。そして、初歩から実戦レベルまで、効率よく演習できるよう、分類・配列にも工夫を施しています。早速、本書を開いて、今日から対策を始めましょう！

受験生の皆さんにとって本書が、共通テストへ向けた攻略の着実な一歩となることを願っています。

教学社　編集部

本書の執筆・編集には、大学入試やセンター試験を長年研究してこられた江端文雄先生、北方修司先生、田中淳一先生にご協力いただきました。心より御礼申し上げます。

# もくじ


はじめに …… 3
本書の特長と使い方 …… 5

**第1章　分析編**

国語の分析と対策 …… 10

**第2章　準備編**

論理的な文章の読み取り方 …… 22
文学的な文章の読み取り方 …… 27
実用的な文章・資料の読み取り方 …… 35

**第3章　演習編**

チェックリスト …… 42

| | **問題** | **解答解説** |
|---|---|---|
| 演習問題1：評論＋評論 | 44 | 54 |
| 演習問題2：評論 | 65 | 77 |
| 演習問題3：実用的な文章＋法律＋評論 | 86 | 99 |
| 演習問題4：評論＋実用的な資料 | 108 | 120 |
| 演習問題5：小説＋その論評 | 133 | 146 |
| 演習問題6：小説＋辞書・俳句 | 156 | 168 |
| 演習問題7：小説＋詩 | 178 | 188 |
| 演習問題8：報告書＋図＋グラフ＋評論 | 198 | 206 |
| 演習問題9：レポート＋グラフ＋評論 | 212 | 220 |


※大学入試センターからの公開資料等について、本書では次のように示しています。

- **試作問題**：［新課程］でのテストに向けて、2022年11月に一部の科目で作問の方向性を示すものとして公表されたテストの全体または一部。
- **プレテスト**：「センター試験」から「共通テスト」へ移行する際、2017・2018年に実施された試行調査。
  ↓なお、共通テストは2021年から。それ以前はセンター試験（1990〜2020年）。

※本書に収載している、共通テストやその試作問題・プレテストに関する正解・配点・正答率・平均点は、大学入試センターから公表されたものです（プレテストの正答率・平均点は、特に注記がない限り、受検者全体のものを掲載しています）。

※演習問題1・7は、大学入試センターの許可を得て、過去のセンター試験の問題を共通テスト対策用にアレンジして作成したものです。

※本書の内容は、2023年6月時点の情報に基づいています。最新情報については、大学入試センターのウェブサイト（https://www.dnc.ac.jp/）等で、必ず確認してください。

# 本書の特長と使い方

本書には、「国語」のうち、現代文の分野について、分析、問題、解答解説を収載しています。古文・漢文については、シリーズ内の姉妹本である『国語（古文、漢文）』に収載しています。

## 本書の収載内容

本書は、**第1章で共通テストの傾向を知り、第2章で文章の読み方を学び、第3章で問題に取り組む**、という3ステップの構成となっています。

まず、**第1章**「**分析編**」では、「国語」の問題全体について、これまでの共通テストを分析するとともに、二〇二五年度以降に試験の内容がどう変わるかをわかりやすく説明しました。二〇二五年度以降に追加される大問の具体的なイメージとして公表された「**試作問題**」についても、詳しく分析しています。そのうえで、このような問題への対策において必要と思われることを具体的に解説しています。

**第2章**「**準備編**」では、共通テストで出題が予想されるさまざまな文章・資料について、どのように読み取ればよいかを解説しています。国語の「近代以降の文章」については、**多様な文章**を提示することが予告されています。どのような文章が出されても対応できるよう、文章の読み取り方の基本を学びましょう。

**第3章**「**演習編**」には、九題の問題を掲載しています。本書オリジナルの創作問題のほか、センター試験の過去問を共通テストの傾向にあわせてアレンジした問題を載せています。さらには、共通テストの過去問の中から、受験生にぜひ解いてほしい良問をセレクトしました。評論をはじめとする論理的な文章、小説をはじめとする文学的な文章に加え、実用的な文章や資料を含む問題もあり、バランスのよい構成となっています。いずれの問題も、**共通テストならではの**

**特徴的な設問を含んでいます。**数多くの問題演習を行うことで、問題文を読み解くコツや、選択肢を絞り込むコツをつかみましょう。

## 本書の活用法

### ❶ 文章の読み方を学ぶ

共通テストにおいては、さまざまなジャンルの文章や、グラフ・図表を含むさまざまな資料が出題される可能性があります。第3章の九つの演習問題にあたれば、ほぼ全ジャンルの文章・資料にあたることができます。苦手なジャンルについては、第2章でしっかりと学習しましょう。

### ❷ 時間配分をつかむ

演習問題は、問題のページに「**目標時間**」を示しています。これは、共通テストの試験時間をもとに割り出した時間となります。共通テストの国語の問題は、試験時間内に解ききるのがかなり難しいと言われており、慣れないうちは、この目標時間で解くことは難しいと思います。最初に挑戦するときは、目標時間にとらわれず、しっかりと文章・資料を読み込み、納得がいくまで選択肢を吟味して解くとよいでしょう。ただし、二回め以降や、試験の直前期には、目標時間を意識しましょう。目標時間を意識することで、試験時間内に問題を解き終えるための**ペース配分をつかむ**ことができます。

### ❸ 特徴的な設問

共通テストにおいては、特に、「**文章全体**」から読み取る問題、「**複数資料**」を読み取る問題に難しい問題があります。また、試作問題やプレテストでは「**図読み取り**」「**表読み取り**」を含む問題が目立ちました。さらに、実社会における話し合いなどの「話すこと・聞くこと」、論述や報告などの「書くこと」といった**「言語活動」**を設問に取り入れる傾向がうかがえます。

第3章42〜43ページの**「チェックリスト」**に、それぞれの問題が、これらのうちどの要素を含むかを一覧で示しています。また、解答編の設問解説において、こういった要素を含む設問を 文章全体 複数資料 図読み取り 表読み取り 言語活動 とマーキングしています。苦手と感じる設問があれば、その要素を含む問題に繰り返し取り組んでみましょう。特に**「複数資料」「言語活動」**は共通テストの特徴的な出題ですので、注意して取り組んでください。

## 4　学習の記録

42〜43ページの「チェックリスト」には、トライした記録を記入する欄を設けています。演習問題を解くのにかかった時間や採点結果を記録し、弱点となっているジャンルをつかみましょう。なお、いずれの問題においても、解説のページに、**設問ごとの難易度**を示しています。問題演習にあたっては、「標準」の問題を無理なく正解できるようにすることを第一の目標としてください。

共通テストの国語（現代文）への対策として、新しい出題形式のポイントを押さえた本書に取り組むことが、最も実戦的かつ効果的な対策となるでしょう。

また、思考力が問われる共通テストでは、**国語以外の教科・科目についても、文章の読み取りを求める出題が増える傾向にあり、「国語力」が必要になる**といわれています。その意味でも、共通テストの「国語」の対策をすることは、これからの共通テスト全体の対策をすることになるでしょう。国語が得意になれば、その効果は非常に大きいので、あきらめることなく、国語の学習を積み重ねていってほしいと思います。

## 執筆の先生がたから、受験生の皆さんへ

―応援メッセージ―

共通テストは、新課程入試になることもあり、今後も出題傾向は変化すると思われます。しかしどのような変化があるとしても、**「文章や図表を読ませる」「複数の題材の関係を考えさせる」「その関係を論理的に理解したうえで答えさせる」**という三点に関しては、注意しておく必要があるでしょう。これらの要求に応えるためには、本書のような問題集での演習、あるいは学校の授業での演習に加えて、**日常生活における情報処理と記述を意識的に習慣づけていくこと**が必要です。新聞や雑誌、インターネットを通じて、さまざまな文章や資料に接することができます。それが何を意味し、どのような関連付けができるのかを意識的に考え、自分なりに言葉にしてみましょう。そういった習慣の積み重ねが、どのような問題にも対応できる力につながるのです。

一方で、題材を的確に読み取る土台として、**中心となる本文の読解**はきわめて重要です。どれほど目先が変わっているように見えても、やはり「国語」として求められているのは**「文章を正しく読む力」**であることには変わりがないのです。その意味で〈**これまでとは違った、新しい何か**〉のための勉強ではなく、〈**これまでと変わりのない何か**〉のための勉強をきちんと行わなければならないことはいうまでもありません。そうした点を理解しながら、できる努力を怠らないことを、皆さんに期待したいと思います。

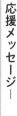

# 第1章

# 分析編

# 国語の分析と対策

共通テストは、二〇二五年度から新課程入試になります。国語については、大学入試センターからいくつかの変更点が発表され、変更点にかかわる「**試作問題**」が公表されました。次ページの表のような大問構成となることが予定されています。特に大きな変更点は以下の二点です。

① **試験時間が八〇分から九〇分になる（一〇分追加となる）**
② **大問が一題追加されて四題から五題となり、各大問の配点が変更になる**

試験時間と大問数が増えることで、内容面でどのような変更があるでしょうか。そのヒントとしては、大学入試センターからの次の発表が参考になります。

これまでの問題作成方針で示してきたことを引き続き重視しつつ、新学習指導要領「現代の国語」、「言語文化」それぞれで育成する資質・能力を、試験問題全体を通じて評価する。
具体的には、**新たな大問を追加**し、**より多様な文章を扱う**ことで、言葉による記録、要約、説明、論述、話合い等の**言語活動を重視**して、目的や場面に応じて必要な情報と情報の関係を的確に理解する力や、様々な文章の内容

**2021〜2023 年度共通テスト**

試験時間 80 分

| 設問 | 分野 | 配点 |
|---|---|---|
| 第 1 問 | 近代以降の文章 | 50 点 |
| 第 2 問 | 近代以降の文章 | 50 点 |
| 第 3 問 | 古文 | 50 点 |
| 第 4 問 | 漢文 | 50 点 |

（第 1 問・第 2 問 計 100 点）

➡

**『国語』試作問題の構成※**

試験時間 90 分

| 設問 | 分野 | 配点 |
|---|---|---|
| 第 1 問 | 近代以降の文章 | **45 点** |
| 第 2 問 | 近代以降の文章 | **45 点** |
| **第 3 問** | **近代以降の文章** | **20 点** |
| 第 4 問 | 古文 | **45 点** |
| 第 5 問 | 漢文 | **45 点** |

（第 1 問〜第 3 問 計 **110 点**）

多様な力を問うため言語活動の過程をより重視した問題を追加

※試作問題の構成であり，毎年度，同じ形で出題されるとは限らない。

を把握したり、適切に解釈したりする力等も含め**多様な資質・能力を評価**できるようにする。

また、各大問では、引き続き、近代以降の文章（論理的な文章や実用的な文章、文学的な文章）、古典（古文、漢文）を題材として、試験時間（90分）との関係に留意しつつ、それぞれの題材の意義や特質を一層生かした出題となるよう工夫する。

（「国語」の問題作成方針に関する検討の方向性）

以上から、新課程入試では、「多様な文章」が出題され、言語活動の過程をより重視した出題が加わると予想されます。また、これまで実施されてきた共通テストの出題内容も引き継がれることになるでしょう。

さらに、「新たな大問を追加し」とありますが、「新たな大問」の具体的なイメージを示すため、**「試作問題」（二種類）が発表されました**（二〇二二年十一月）。「試作問題」は本書に問題・解答・解説を掲載しているので、「新たな大問」の対策として、ぜひ解いておきましょう。

それでは、これまでの共通テストと、「試作問題」を分析しながら、新課程の共通テストで必要となる対策を示します。

## 解答形式・試験時間・設問の量

共通テストでは、すべての問題が**選択式**で出題され、新課程入試になっても変更される予定はありません（共通テストの実施前に検討されていた記述式による出題は見送りとなりました）。

二〇二三年度までの共通テストとセンター試験では設問の数に大きな差はありません（次ページ参照）。試験時間は、新課程入試では**九〇分**となります（現行課程入試より**一〇分長くなる**）。新しく**追加される大問**は、「試作問題」を見る限りでは、設問が四つ前後の、**実用的な文章・資料を含む問題**となりそうです。

追加される大問を一〇分程度で解くことができるならば、その他の大問（論理的な文章、文学的な文章、古文、漢文）については、設問の量は大きく変化しないと予想されます。ただし、**「試作問題」は解くのに時間を要する問題で、一〇分では解ききれない受験者が多い**と思われます。本番では、追加される大問が一〇分程度で解ける問題に調整されるのか、それとも、「試作問題」レベル（多くの受験者にとって、解くのに一五分はかかる問題）を追加して他の大問の分量や難度が調整されるのか、予測は難しいところです。大学入試センターからは「各大問では、……試験時間（90分）との関係に留意しつつ、それぞれの題材の意義や特質を一層生かした出題となるよう工夫する」という方針が示されているので、**全体を九〇分で解けるように調整される**ものと思われます。とはいえ、従来の共通テストも、試験時間内に解ききるのは難しい問題でしたので、**設問の量はかなり多い**と予想されます。

## 最近の共通テストの特徴

| | 大問 | 項目 | 問題文と資料 | 設問の量 | 配点 |
|---|---|---|---|---|---|
| 二〇二三年度 | 1 | 現代文 | 評論文＋評論文 | 6問（解答数12） | 50点 |
| | 2 | 現代文 | 小説＋雑誌広告 | 7問（解答数8） | 50点 |
| | 3 | 古文 | 歌論＋歌集 | 4問（解答数8） | 50点 |
| | 4 | 漢文 | 評論 | 7問（解答数9） | 50点 |
| | 4題合計で24問（解答数37）　平均点105.74点（受験者数445,358人） | | | | |
| 二〇二二年度 | 1 | 現代文 | 評論文＋評論文 | 6問（解答数11） | 50点 |
| | 2 | 現代文 | 小説＋俳句 | 5問（解答数8） | 50点 |
| | 3 | 古文 | 歴史物語＋日記 | 4問（解答数8） | 50点 |
| | 4 | 漢文 | 序文＋漢詩 | 7問（解答数9） | 50点 |
| | 4題合計で22問（解答数36）　平均点110.26点（受験者数460,967人） | | | | |
| 二〇二一年度（第1日程） | 1 | 現代文 | 評論文＋小説 | 5問（解答数12） | 50点 |
| | 2 | 現代文 | 小説＋その論評 | 6問（解答数9） | 50点 |
| | 3 | 古文 | 歴史物語＋和歌 | 5問（解答数8） | 50点 |
| | 4 | 漢文 | 漢詩＋思想 | 6問（解答数9） | 50点 |
| | 4題合計で22問（解答数38）　平均点117.51点（受験者数457,305人） | | | | |
| 二〇二〇年度（センター試験） | 1 | 現代文 | 評論文 | 6問（解答数11） | 50点 |
| | 2 | 現代文 | 小説 | 6問（解答数9） | 50点 |
| | 3 | 古文 | 擬古物語 | 6問（解答数8） | 50点 |
| | 4 | 漢文 | 漢詩 | 6問（解答数7） | 50点 |
| | 4題合計で24問（解答数35）　平均点119.33点　（受験者数498,200人） | | | | |

# 問題文・資料

センター試験では、基本的に、一つの大問に問題文は一つでした。**第1問が評論文、第2問が小説**（もしくは随筆）、**第3問が古文、第4問が漢文**で、それぞれある程度の長さと内容的まとまりをもった**一つの文章**が問題文となっていました。この部分が共通テストでは若干変更されています。特に注意したいのは以下の二点です。

## 1　複数の題材による問題

二〇二二年度本試験の**第1問**や**第3問**では、**【文章Ⅰ】【文章Ⅱ】**として二つの文章が並べて出題されました。また、二〇二一年度第1日程の**第1問**や**第2問**では、最初に提示される文章は一つですが、設問の中で異なる文章が引用され、もとの文章との関連が問われています。このように、組み合わせられる文章・資料の量や示し方にさまざまなバリエーションが見られますので、いろいろなパターンを練習しておくとよいでしょう。

## 2　実用的な文章・資料

二〇二二年度までの共通テストでは、「実用的な文章」の本格的な出題はありませんが、二〇二三年度の本試験では、**雑誌に掲載された広告**が資料として用いられました。先に見た「多様な文章を扱う」という方針を考えると、新課程入試では「実用的な文章」も出題されるとみておくべきでしょう。大学入試センターから公表された「試作問題」は、**第A問**が、**文章・図・グラフからなる問題**で、**第B問**が、**レポートを中心に三つの資料からなる問題**でした。これは「実用的な文章・資料」による問題といえます。多様な文章から必要な情報と情報の関係を理解し、内容を把握したり、解釈したりするとともに、その要旨をまとめるような力が求められます。

## 問われる内容の変化

国語の試験問題というと、皆さんはどんな問題をイメージするでしょうか。一般的には、まず問題文の文章が与えられ、現代文では漢字や語句の意味を答える設問、その後に、文章中に引かれた傍線部についての設問があるでしょう。内容について読み取る問題は、傍線部の内容がどのようなものかを読み取る**「どういうことか」**という問題、または、その傍線部分の理由を問う**「なぜか」**という問題が中心です。その他、文章の構成、表現の特徴について読み取る問題や、文章中の内容の正誤について把握できているかを問う問題もよく出題されます。古文では、語句の意味を問う問題、文法問題、そして、傍線部分の口語訳の問題、内容について答える問題という順番で出題され、漢文では、語句の読み・意味の問題、書き下しと解釈をする問題、内容についての問題というものが多いと思います。共通テストでも、このような設問が出題されています。

一方、**共通テストに特徴的な出題**としては、以下のようなものがあります。

### 1　生徒の作成した「ノート」を素材に「本文」の内容を考えさせる

二〇二一年度第1日程の**第1問・問5**では、生徒の「**ノート**」が問題の素材として使われました。文章を段落に分けて見出しをつけ**本文の展開**を考え(i)、それをもとに**筆者の論点**をまとめ(ii)、そこから興味をもった内容について**発展的に考察する**(iii)という形をとっています。他の日程・年度や「試作問題」でも、**【メモ】【レポート】**など、文章をもとに学んだことを記録しようとする生徒が登場します。これらは文章全体の内容を読み取り、そこから考えるという学習の過程を示しており、**「どのように学ぶか」を踏まえた問題の場面設定**を背景にした出題といえます。

## 2　本文を批評した「文章」を提示し、評者の考えを問う

二〇二一年度第1日程の**第2問・問6**では、本文（加能作次郎『羽織と時計』）が発表された当時、新聞紙上に掲載された**批評**が**【資料】**として提示され、**評者の考え**を読み取る問題（i）、本文の表現をもとに**評者と異なる見解を考察する**問題（ii）が出題されました。**【資料】**は一九一八年に書かれた批評文で、現代とやや異なる文体の文章が読めるか、そこから評者の考えが読み取れるかということが問われていました。高校の国語の授業で扱う、例えば森鷗外『舞姫』などのような古い文体の文章に慣れていると読みやすかったのではないでしょうか。授業での知識の理解が大切になります。

## 3　基礎的な知識を総合的に問う

古文では、純粋な文法問題（文法だけを問うもの）がありませんが、傍線部分の**語句や表現に関する説明**として最も適切なものを選ぶ問題があり、選択肢の正誤判別を行ううえで、**語彙の知識や文法事項が必須**となります。また、二〇二一年度本試験・二〇二三年度本試験では現代文でも、**漢字の意味**を問う設問がありました。このように、限られた設問数の中で、これまでにない問い方によって、基礎的知識の定着度合いをはかろうとする意図が見られます。

## 4　傍線部なしに内容を問う

二〇二一年度第2日程の**第3問**では、傍線をつけずに、「男君の行動や心境」「女君の心境」「月」について問う設問がありました。このような設問では、**文章全体の正確な読み取り**を通して、問われている内容を理解することが重要です。選択肢の表現が本文にあるかないか、という本文との照合だけで選択肢を判別するのは危険です。

## 5　複数の題材を関連づけて問う

現代文・古文・漢文を通じて、複数資料を対象とする出題が頻出しています。また、「試作問題」も、グラフを含む複数資料を対象とするものでした。複数の題材の比較、検討を通して、**多面的・多角的視点から解釈する問題**といえます。共通する内容、異なる内容、他の資料を踏まえた考察など、さまざまな出題が予想されます。

## 6　本文について話し合う場面が示され、その内容を問う

二〇二二年度第2日程では、「文章を読んだ後に、教師の指示を受けて六人の生徒が意見を発表している場面」（**第1問・問6**）、登場人物についての「グループの話し合いの様子」（**第2問・問6**）が示されました。生徒の話し合いの形式はプレテストやセンター試験でも出題されていましたが、**長い会話設定が問題の中で設けられる**ことは、共通テストならではの出題といえます。

## 7　本文の内容に合う具体例を問う

二〇二一年度第2日程の**第1問・問6**は、本文で述べられたことと、身近な**具体例**が合致するかどうかを問う設問でした。また、「試作問題」**第B問・問3**も、空欄に入る「例」として適当かどうかを問うものでした。このような問題では、本文の内容を理解したうえで、自分で思考することが大切になります。そのうえで選択肢の妥当性を判断するという解き方が必要となります。**思考力、判断力、表現力を発揮して解く**ことが求められています。

# 国語の総合的な対策

共通テストにおいては、**文章を正確に把握するという大前提**があり、**そのうえで他の資料との関連づけなどが求められます。**その意味で、**「国語のテスト」としての本質は他の国語の問題と同じです。**したがって、国語の授業を大切にしてさまざまな内容・形式の文章を読み、正確にすばやく内容を読み取るスキルを身につけることが重要です。

ただ、共通テストでは、これまでの「国語のテスト」とは異なった発想が必要になる部分があります。その対策を以下に示します。

## 1　文章と資料を試験時間内に読み取る練習をしよう

共通テストでは、**傍線部なし**に内容を問う設問や、**複数の題材（資料）**を比較しながら**本文全体**について問う設問が見られます。このような設問に答えるには、問われている内容が資料のどこにどのように書かれているか、把握する必要がありますが、一問解くたびに資料全体を見直していては、試験時間内にすべての設問を解ききることは不可能です。

また、まんべんなくすべての資料を精読していく必要はないかもしれません。国語は以前から時間配分が難しい科目でしたが、新課程の共通テストで「試作問題」のような問題が出されるようになるなら、これまで以上に**効率を重視した、文章把握・資料把握**が必要になるでしょう。

資料が多い問題が出されたときには、最初に問いの内容を把握したうえで問題文を読み、資料とともに、解答に**必要になりそうな箇所をチェック**しておくことが効率的かもしれません。場合によっては、精読する資料か、簡単に内容を把握するだけでよい資料か、というように**重要度を判断**していく必要も生じるかもしれません。そして、把握した複数の資料を関連づけて考察する問いも出題されます。複数の資料を関連づけて考えるには、**多角的な思考力**が必要です。

文章全体を読み取ったり、複数の題材を読み取ったりする問題については、次のような対策をすすめます。

| | |
|---|---|
| **文章全体** | **①文章のどの部分にどのような内容があるかを把握しながら全体を通読し、大意をつかむ**<br>**②傍線部や空欄の周辺にこだわりすぎず、問われていることと本文の内容の関係を読み取る**<br>**③筆者の結論となる主張や、主人公のたどり着いた心境に特に注目する**<br>**④①～③の把握をもとに選択肢を吟味して正しい選択肢を選び、不正解の選択肢の誤り部分を確認する** |
| **複数資料** | **①複数の資料から、同じこと・似たこと、あるいは対照的なことを述べている箇所をすばやく探す**<br>**②筆者が最も主張したいと考えている箇所を特定し、他の資料と比べる** |

また、対策の対象を絞り込みすぎるのは危険ですが、複数資料を用いた出題という観点からは、今後、以下のような文章から出題される可能性が考えられます。こういった文章に重点的に取り組むのもよいでしょう。

| | |
|---|---|
| **現代文** | 図や表、写真などの**視覚資料**を含む文章・記事<br>**韻文**（詩・短歌・俳句など）を取り上げて批評した文章<br>同じ作者が**関連のある主題**について述べた別々の文章 |
| **古　文** | 複数の説話集に収載された、**ストーリーが類似する説話**<br>**和歌**や**人物の批評**を含む文章 |
| **漢　文** | **故事成語**のもとになった話を含む文章<br>古典（**漢詩**を含む）の**注釈**や**批評**を述べた文章 |

新課程の共通テストでは、**はじめて見るさまざまな資料**がこれまで以上に用いられる可能性があります。資料を効率的に把握し、それをもとに考察する練習を重ねましょう。**「実用的な文章」や図・表も、どの大問で、どのような形で出されるか**を予測することは難しいでしょう。日頃からあらゆる方面にアンテナをはっておきましょう。特に、現代文学や古典文学に関するニュース・話題に触れた際には、これを使ったらどのような試験問題が作れるか、などと考えて

みると、思考力だけでなく試験問題の出題意図に対するカンも養うことができ、思わぬ発見があることでしょう。

## 2　学習の過程を重視する出題に注意

共通テストでは、生徒の「**ノート**」（二〇二一年度第1日程）や「**メモ**」（二〇二二年度本試験）、生徒どうしが**話し合う場面**（二〇二三年度本試験など）が出されています。これは、「問題作成方針」の、「探究的に学んだり協働的に課題に取り組んだりする過程」にかかわる内容でしょう。**〈言語活動を通じてどのように学ぶか〉**を問題によって示そうとしているといえます。問題の素材として出されているノート・レポートやディベートは、内容の読み取り自体はそれほど難しいものではありませんが、通常の資料や選択肢に比べると、**読み取るべき問題文・資料の総量が多くなること**が考えられます。さらに、与えられたノート・レポート、あるいは場面設定が、**設問を解くうえでのヒントになっていることも**あります。本書収載の問題でこういった出題に慣れておきましょう。

## 3　過去問を練習して選択式の問題に強くなろう

多くの私立大学がマークシート方式を採用していますが、その選択肢の完成度はさまざまで、玉石混淆という感があります。その中にあって**共通テストやセンター試験の過去問**は総じて選択肢がよく練られている点、また選択肢が比較的長文である点で一つのスタンダードといえます。しかもディベート形式の設問や、傍線部に対する身近な具体例を問う設問、文章の表現の特徴を問う設問などは独壇場といっても過言ではないほどで、他の追随を許しません。これらの設問は**思考力・判断力・表現力をねらいとする共通テストの方向性にも合致**しています。新課程入試になるとはいえ、**過去問を解く意義はけっして失われてはいません。**本書を一通り学習した後で、最近の過去問（本試験・追試験とも）もチェックし、問題演習の材料としておおいに活用しましょう。

# 第2章

# 準備編

# 論理的な文章の読み取り方

共通テストの**第1問**では論理的な文章が出題されています。一つの文章の後に別の資料が提示されて本文との関連が問われたり、論理的な文章が二つ提示されて、それぞれの内容や両者の関係性について問われたりと、出題形式が多岐にわたることが特徴です。ただし、基本にあるのは論理的な文章の読解であり、一つの文章を正確に読み取るということが、得点を取るために不可欠です。では、論理的な文章を正確に読み取るにはどのような点に注意が必要でしょうか。到達目標（ゴール）からさかのぼる方向で考えてみましょう。

**ゴール：論理的な文章が正確に読み取れること**

**Q** 論理的な文章を正確に読み取るために必要なことは？

**A** 文章の論理展開を把握することで、筆者が読者に伝えたい**主張**を読み取る。 ↓③

**Q** 文章の論理展開を把握するために必要なことは？

**A** 各段落の内容を把握しながら、**説明のつながり**を読み取る。 ↓②

**Q** 各段落の内容を把握するために必要なことは？

**A** **語句の意味、説明されている意味**を読み取る。 ↓①

このように考えると、**①語意を把握しながら、②各段落の内容をつかんで段落ごとのつながりを把握し、③文章全体の論理展開から筆者の主張をつかむ**、という手順が重要だということがわかると思います。

では、この手順①～③によって、論理的な文章をどのように読解していくか、具体的に文章を使って考えてみましょう。本書の演習問題1で取り上げる、『空間〈機能から様相へ〉』（原広司）という文章の一部を、次のページに示しています。

### ◆① 語句、表現に関するチェック

この文章の中には、「境界」（＝事物などを分ける境目）、「可変的」（＝変わることができる、変えることができる）、「概念」（＝物事を概括的に、まとめて考えること）など、**評論で頻出の用語**が多数出てきます。さらに、「ふすま」「障子」「縁」「軒下」など、日本家屋にあるものが**例**として挙げられており、これらがどんなものかという**知識があるほうが、読解がスムーズに進みます**。また、「はれとけ」（ハレは祝祭などの非日常、ケは日常）などの**概念**に対する知識が必要です。これらの語句に注意しながら文の意味を読み取りましょう。意味がわからない語句があれば、その時点で辞書を引くか、マークをつけておいて一通り解き終えたあとで辞書を引くようにしましょう。

表現に関する知識として、**カッコでくくられた語が、論旨を読み解くうえで鍵になることが多い**と知っておきましょう。これは、筆者が、**特定の意味で使用**したり、**内容の強調**をしたりすることを示すために、カッコをつけているからです。「　」、〈　〉、〃　〃など、使われる記号にはいろいろなパターンがあります。こういった点に気をつけながら読むことで、語句・表現に関する知識を増やすことができます。

第一段落

←カッコでくくられた重要語

〈境界がさだかでない〉という現象は、日本の空間、より範囲を狭くすれば日本の建築空間の特性である。言葉をかえれば、境界があると同時に境界がないような空間の連続性、あるいは領域の仕切り方があらゆるところに見うけられる。つまり、（←次に要点あり）日本の建築には強い壁が少ない。ふすまや障子がその好例であり、部屋の境界は可変的である。都市に城壁はなく、家の敷地にも一般的にいえば強い境界はない。「借景」が、ひとつの美学的な手法になっているほどである。部屋の外に縁があり、その外に軒下のあいまいな領域がある。まったく日本の住居ほど領域分析がやっかいな住居はない。

←日本との対比

世界の伝統的な住居について領域分析をするのは、もちろん例外はいくらでもあるが、日本の住居ほどやっかいでない。壁によってかこまれた部屋があるからである。アフリカの複合住居（コンパウンド）のように、極めて複雑な構成をもっていても、領域分析は容易である。日本の住居は、障子をはずす、ふすまをはずすといった想定を入れれば、壁とは異なったあいまいな領域規定の要素を導入しないかぎり、通常の分析はまず不可能である。そうした仕切り方からくる分析は、日本の伝統的な住居には適していない。こうした確かな境界としての壁をたよりにした空間把握、〈容器として

## ② 各段落の内容と説明のつながりを把握

内容については、まず、形式段落ごとの内容を読み取ります。形式段落は、筆者が提示した内容のまとまりです。**各段落の要点を書き出しましょう。**慣れないうちは、上段のように、本文を読みながら傍線やマークをつけておくと、要点が書き出しやすくなります。そして、その**論理展開（説明のつながり）に着目します。**「つまり」「一般化すると」といった表現の後に要約された文があることに注意すると、要点がつかみやすいでしょう。以下に、要点を書き出し、展開をまとめる例を示します。

第一段落

境界がはっきりしないのは日本の空間（建築空間）の特性。部屋の境界は可変的。領域分析がやっかい。

世界の伝統的住居は壁にかこまれた部屋があり、領域分析は容易。

日本の住居は、壁とは異なったあいまいな領域規定の要素を導入しなければ、分析できない。

第二段落

日本の伝統的住居の領域分析は、はれとけ、表と裏といった傾

の性格〉に拠《よ》った空間把握が主調となっていないからである。

## 第二段落

日本の伝統的住居の領域分析は、たとえば、はれとけ、表と裏、上手と下手、縁と奥といったような傾向分析によってとらえられてきた。これをより一般化すると、「しつらえ」であり「座」である。これらは、領域を漠然と指定する手段であり、見えない領域に秩序をあたえる方法である。このような概念は、物理的な壁（エンクロージャー）がなくとも、空間を〈場としての性格〉でとらえるところから生まれている。

←具体例の一般化

---

向分析によってとらえられてきた。「しつらえ」「座」といった領域を漠然と指定する手段により、見えない領域に秩序を与えている。このような概念は物理的な壁がなくとも、空間を〈場としての性格〉でとらえるところから生まれている。

上段の文章は、日本の建築空間について述べていますが、具体的な例を挙げ、世界（日本以外）の住居とも対比させながら論じていることを把握していきましょう。上段では、日本については日本のように赤色で囲み、日本に関する内容は赤い波線を、世界に関しては世界、アフリカと黒色で囲み、黒い波線をつけています。このように、**対比されている内容に着目する**ことはたいへん重要です。

以上から、〈第一段落〉**日本の空間の境界は可変的**、〈第二段落〉**日本では領域を漠然と指定して場としての性格で空間をとらえている**、と段落ごとにまとめることができます。

### ◆ ③ 論理展開から筆者の主張をつかむ

②で作成した、〈第一段落〉〈第二段落〉の展開をまとめると、この文章で筆者が伝えたいことが読み取れます。

日本の空間は可変的で領域分析が難しく、あいまいな領域規定の要素でなければ分析できない。「しつらえ」「座」など領域を漠然と指定する概念により、場としての性格で空間をとらえている。

この①・②・③の手順を意識して、論理的な文章の読解の練習を積み重ねることが大切です。テーマ、内容、論理展開は文章によってさまざまであり、実際にどのような文章が出題されるかは試験会場で問題を開くまでわかりません。さまざまな問題、文章にあたることで、論理的な文章読解の力をつけましょう。

## 共通テストにおける出題について

共通テストでは、複数資料や図表などを使った新しい出題に目が行きがちですが、すべての問題が目新しいわけではありません。一般的な国語の試験と変わらない部分も多いといえます。

論理的な文章の**問1**は、従来と同様の、漢字の書き取り問題が出されています。ただし、知識を問うものとして、漢字の意味を問うものや、語の誤用について問うものが出されていることには注意しておきましょう。

内容に関する問題については、**問2**～**問4**あたりまでは、傍線部分は「どういうことか」「なぜか」という内容把握問題が多く、従来型の国語の試験と同様です。文章の構成・表現を問う問題はセンター試験で出されていたものと大きくは変わりません。**正確に文章を読み取り、その内容が反映されている選択肢を選び、誤りを含んだ選択肢を外していく**という解法が、これらの問題を正確にかつすばやく解く方法です。

内容把握の後の、**最後の二問前後が、複数資料など、工夫された問題**になっています。複数資料問題は、資料を把握し、資料どうしを照合し、さらに選択肢の内容と本文との照合も必要となるものが多く、**かなり時間を取られる出題**だといえます。そのため、前半の漢字や内容把握の問題で、すばやく正確に正答を導くことが重要です。

# 文学的な文章の読み取り方

共通テストでは、**第2問**で文学的な文章が出題されています。共通テストの前に実施されていたセンター試験や、さらにその前の「共通一次」（一九七九～一九八九年）の時代から、文学的な文章の大問で出題されるのは**小説**でした。共通テストの試行調査（プレテスト）の第二回（二〇一八年実施）で現代詩と随筆を絡めた出題がされたため、**韻文が出題される可能性**も想定されるようになりました。ただ、共通テストの本番（二〇二三年度本試験まで）では小説が扱われているので、ここでは、小説を中心に読み取り方を示します。

まず「小説」とはどのようなものでしょうか？　国語辞典の説明を見てみましょう。

「(novel の訳語) 文学形態の一つ。作家の想像力・構想力に基づいて、人間性や社会のすがたなどを、登場人物の思想・心理・性格・言動の描写を通して表現した、散文体の文学。」

（小学館『精選版　日本国語大辞典』）

「小説」とは、登場人物を文章（散文）で描写しながら、作家が読者に伝えたいと思う社会や人間についての考えを表現するものととらえることができるでしょう。では、どのような点に着目しながら読み解けばいいでしょうか。例として、二〇二三年度本試験の**第2問**の**問4**までで問われていることを、要約して並べます。

**問1**　(傍線部について)「私」をそのような行動に駆り立てた要因はどのようなことか。
**問2**　(傍線部の表現は)どのようなものか。
**問3**　(傍線部における)「私」の心情の説明として最も適当なものは。
**問4**　(i)　表現に表れる「私」の心情の説明。
(ii)　表現から読み取れる、「私」の様子や心情の説明。

登場人物を行動に駆り立てた要因や状況を説明する問題、登場人物の心情を説明する問題が出題されていることがわかると思います。つまり、①**小説の場面の読み取り**、②**登場人物の心情の読み取り**、が主眼になることがわかります。さらに、③**小説の表現について**、の出題もされています。主に、この三点に注意しながら読み取ることが基本になります。

ところで、映画やテレビドラマ、演劇は、小説と近いものといえるでしょう。小説を原作として映画やドラマや演劇が作られたり、逆に映画やテレビドラマが小説化されることもあります。映画やテレビドラマでは、映像を通して、さらにはナレーターの説明によって、どのような場面かを知ることができます。登場人物の心情は、演じる俳優の台詞や表情、振る舞いを中心に読み取りますね。では、小説をどのように読み取っていくか、考えてみましょう。本書の演習問題7で取り上げる、『幼年時代』(室生犀星)の一部を分析します。

うしろの犀川《さいがわ》(←場所)は水の美しい、東京の隅田川ほどの幅のある川であった。私(←主人公)はよく磧《かわら》へ出て行って、鮎《あゆ》釣り(←季節)などをしたものであった。毎年六月の若葉(←季節)がやや暗みを帯び、山山の姿が草木の繁茂するにし

## ① 小説の場面の読み取り

場面の読み取りの着目点として「**時**」「**場**」「**人**」があげられます。映画やドラマでは映像を見ることでこれを読み取ります。さらにナ

たがってどことなく茫茫《ぼうぼう》として膨れてくるころ、近くの村落から胡《きゅ》瓜《うり》売りのやってくるころには、小さな瀬や、砂利でひたした瀬がしらに、背中に黒いほくろのある若鮎《さあゆ》が上ってきた。

若鮎はあの秋の雁《かり》のように正しく、かわいげな行列をつくって上ってくるのが例になっていた。わずかな人声が水の上に落ちても、この敏感な慓悍《ひょうかん》な魚は、花の散るように列を乱すのであった。

私はこの国の少年がみなやるように、小さな尾籠《びく》を腰に結んで、幾本も結びつけた毛針を上流から下流へと、たえまなく流したりしていた。鮎はよく釣れた。小さなやつがかかっては竿《さお》の尖端《せんたん》が神経的にぴりぴり震えた。その震えが手さきまで伝わるとこんどは余りの歓《よろこ》ばしさに心が躍るのであった。

瀬はたえずざあざあーと流れて、美しい瀬波の高まりを私達《たち》釣人の目に注がす。そこへ毛針を流すと、あの小さいやつが水面にまで飛び上がって、毛針に群れるのであった。ことに日の暮れになるとよく釣れた。水の上が暮れ残った空の明かりにやっと見わけることのできるころ、私はほとんど尾籠を一杯にするまで、よく釣りあげるのであった。

川について私は一つの話をもっていた。

それは私が釣りをしに出た日は、雨つづきのあげく増水したあとであった。あの増水の時によく見るように、上流から流された汚物

レーションによって説明されることもあります。小説においても着目点は同じですが、**読んで自分自身で場面を構築する**という点が小説読解の特徴です。『幼年時代』について、上段の文章では、「時」「場」が読み取れる箇所には傍線をつけ、その横に赤字で内容をメモしています。「人」については、最初に出てきた箇所に、主人公は赤色で、その他の人は灰色でマークしています。このようにして読み取った内容をまとめると、次のようになります。

▼**時**…明治三十年前後の「私」が幼かった時。季節は、夏の、鮎が釣れる頃。

▼**場**…犀川のほとり。「地蔵さん」を運んできた庭。
（→室生犀星が石川県金沢市の出身で、金沢市を流れる犀川から筆名を取ったという知識があると、具体的な地名もわかる。）

▼**人**…「私」は十歳前後の少年。川で拾った「地蔵さん」を大切にしている。「姉」は、「地蔵さん」にお詣《まい》りをするなど、「私」の理解者。「米ちゃん」は隣家の飴屋のこどもで、「私」の友達。

## ② 登場人物の心情の読み取り

登場人物の心情は、場面の読み取りとも密接に関連します。主人公を中心に、登場人物がどのような心情であるかを読み取ることが

が一杯蛇籠《じゃかご》にかかっていた。私はそこで一体の地蔵を見つけた。（←地蔵との出会い）それは一尺ほどもある、かなり重い石の蒼《あお》く水苔《みずごけ》の生えた地蔵尊であった。私はそれを庭に運んだ。そして杏《あんず》の木の陰に、よく町はずれの路傍で見るような小石の台座をこしらえてその上に鎮座させた。

　私はその台座のまわりにいろいろな草花を植えたり、花筒を作ったり、庭の果実を供えたりした。毎月二十四日の祭日を姉（←主人公の姉）から教えられてから、その日は、自分の小遣いからいろいろな供物を買って来て供えていた。

「まあお前は信心家ね。」

　姉もまた赤い布片《きれ》で衣を縫って、地蔵の肩にまきつけたり、小さな頭巾《ずきん》をつくったりして、石の頭にかぶせたりした。私はいつもこの拾って来た地蔵さんに、いろいろな事をしてあげるということが、決して悪いことでないことを知っていた。ことに、地蔵さんは石の橋にされても人間を救うものだということをも知っていた。（←地蔵への思い）私はこの平凡な、石ころ同様なものの中に、何かしら疑うことのできない宗教的感覚が存在しているように信じていた。

「きっといいことがあるわ。お前のように親切にしてあげるとね。」

　姉は毎日のように花をかえたり、掃除をしたりしている私を褒めてくれていた。私はうれしかった。こうした木の陰に、自分の自由

---

大切です。『幼年時代』では「私」の置かれた状況と心情の関連を読み取ります。上段の文章では赤い傍線や波線をつけていますが、読みながら、心情を表す語や心情変化のポイントになりそうな箇所をチェックしてみましょう。チェックした箇所をまとめると次のようになります。

▼「私」は地蔵尊が人間を救うという**宗教的感覚**をもって大切に祭っている。

▼それを褒めてくれる姉に**好意的感情**をもち、**感謝**している。

▼意地の悪い学友や先生への**反感**と、それらの者より優越した勝利者になって**見返してやろう**という思いがある。

　今回示した部分には具体的には記されていませんが、「私」は先生、学友との間に**葛藤**を抱えていることが読み取れます。今は弱い立場にあるようですが、「地蔵さん」に救いを求めて大切に祭ることで他の者とは異なった境地にあると思い、将来は高い地位にのぼって自分をさげすんだ者たちを見返してやろうという意志が読み取れます。「姉」はそのような「私」の理解者であり、「私」は姉に強い親しみの気持ちを抱いています。

　国語のテストで小説が出題される場合、この①**「場面」**・②**「心情」についての設問がほとんど**であるといえます。このような設問

に作りあげた小さな寺院が、だんだんに日を経るに従って、小屋がけが出来たり、小さな提灯《ちょうちん》がさげられたりするのは、何ともいえない、ただそれはいい心持ちであった。何かしら自分の生涯を賭《と》して報いられてくるような、ある予言的なるものを感じるのであった。

私は毎朝、洗面してしまうと礼拝しに行った。ときとすると、あぐらをかいたお膝《ひざ》のところに大きな夜露がしっとりと玉をつづけていたりしていた。そのつぎに姉がいつもつつましげにお詣《まい》りをしに来た。

（中略）

隣家に飴《あめ》屋があった。そこの米《よね》ちゃんという子は庭がなかった。（←主人公の友達）私はその少年をよく庭へ入れて遊んだ。私はこの友達と磧から石を運んだり、砂を持ち込んだりした。私はだんだん大仕掛けに建てて行った。一つのものがふえれば、もっと別な神聖なものが欲しくなって来た。私は町へ出て三宝や器物や花筒や燭台《しょくだい》をあがなって来た。

姉は毎日ごはんのお供物をした。私は長い庭の敷石をつたわりながら、朝のすずしい木のかげに白い湯気のあがるお供米をささげてきてくれるのを見ると、私は涙ぐみたいほどうれしく神神しくさえ感じた。

「姉さん。ありがとう。」（←姉への感謝）

私はあつく感謝した。私のいろいろな仕事を見ている姉は、いつ

---

で正解を導くには、小説をしっかり読み取り、**設問の解答を自分自身で考えたうえで選択肢にあたる**ことが大切です。例えば、「心情の説明として最も適切なものは」という問題で、その心情を正確に読み取ったうえで選択肢を読めば、正しい選択肢はすぐに見えてくるはずです。それをせずに、最初から消去法で、誤りの選択肢を外していくという解き方をすると、本文との照合で時間を取られるだけでなく、選択肢のちょっとした表現の違いが気になって疑心暗鬼になり、誤答してしまうという、最悪の結果を招きかねません。国語のテストの本質は、文章をいかに正確に読み取るかということです。本質から外れた解き方は決しておすすめできません。

## ③ 小説の表現

小説家は、文章表現を工夫することにより、読者に小説の世界を示し、**自身の伝えようとすること（主題）**を読み取らせようとします。小説全体が小説家の文章表現の工夫ですので、さまざまな着目点があり、それを読者それぞれが読み取ります。

一方、文章表現について出題する場合、出題者が読み取った表現上の工夫を選択肢によって説明し、最適なもの（または誤りを含んだもの）を選択させるという方法になります。そのため、表現に関

も清い美しい目をしていた。

「姉さんの目はなんて今朝はきれいなんだろう。」と心でかんじながら、私は花をかえたりしていた。

私はますますひどく一人ぼっちになった。学校へ行っていても、みんながばかのようになって見えた。「あいつらは私のような仕事をしていない。信仰をしらない。」と、みんなとは特別な世界にもっと別様な空気を吸っているもののように思っていた。先生を尊敬する心には元よりなっていなかった。あのひどい生涯忘れることのできない目にあってからの私は、いつも冷然とした高慢のうちに、（←学校での主人公の姿）絶え間もない忍辱《にんにく》に虐げられたあの日を目の前にして、心を砕いて勉強していた。私が成人したのちに私が受けたよりも数倍な大きい苦しみを彼らに与えてやろう。かれらの現在とはもっと上に位したすべての点に優越した勝利者になって見かえしてやろうと考えていた。

私はあの意地のわるい学友らは、もはや私の問題ではなくなっていた。全然、あの喧嘩《けんか》や小競争《こぜりあい》がばかばかしいのみならず、その相手をしていることがもはや私に不愉快であった。

明治三十三年（←時代）の夏、私は十一歳（←主人公の年齢）になっていた。

---

する問題は、**文章と選択肢を照合しながら、妥当な説明かどうかを判断**して、解答を選択するしかありません。このような設問については、厳密な消去法が正解を導く近道といえます。比較・照合して考察し、妥当な選択肢を決定するという、ある程度**時間のかかる設問**です。共通テストやセンター試験でよく出題されていますので、過去問で練習しておきましょう。

## 共通テストにおける出題について

二〇二二年度第1日程では、小説の読解問題の後に、その小説を同時代に批評した文章が**【資料】**として組み合わされ、**【資料】**の内容を問う問題と、本文との関連について問う問題が出題されています。二〇二二年度本試験では、小説内にあった語句「案山子」についてまとめて整理した**【ノート】**を最後に組み合わせて、**【ノート】**の空所に入る表現を選び、**【ノート】**と本文の関連についての正しい説明を選ぶという問題が出題されています。いずれも、本文に加えて**二つ目の資料**の内容を読み取り、本文との関連を考えながら解答していきますので、少し**時間を要する出題**だと思います。このように、**工夫された問題が、各大問の最後の方の設問で出る傾向**があります。本文を正確に読み取って、出題の中心となる読解問題で着実に得点しながら、最後の問題にまで時間を残しておくことが、高得点の鍵だと思われます。

## 短歌・俳句について

二〇二二年度本試験のように、追加資料や引用の形で、**短歌や俳句などの韻文**が出題される可能性もあります。短歌や俳句に関する**修辞の知識**についても復習しておきましょう。

| 項目 | 内容 | 何で用いられるか |
|---|---|---|
| **句切れ** | 和歌や俳句の意味の切れ目のこと。短歌では五七五七七の最初の句で切れるものを「初句切れ」、以下「二句切れ」「三句切れ」「四句切れ」という。 | 短歌・俳句 |
| **体言止め** | 主に和歌や俳句で、末尾を体言で終わらせること。 | 全般 |
| **倒置** | 印象を強めるために、普通の語順と逆にすること。 | 全般 |

| | | |
|---|---|---|
| **切れ字** | 句の末尾などで「や」「かな」「けり」などと言い切り、詠嘆の意を表すもの。 | 俳句 |
| **季語** | 句の季節（新年・春・夏・秋・冬）を示すために詠み込まれる、定まった語。 | 俳句 |

▽演習問題1・6には、俳句を扱った設問もあります。ぜひ挑戦してみてください。

# 実用的な文章・資料の読み取り方

二〇二五年一月以降の共通テストの「国語」では、**「近代以降の文章」が従来よりも一題増えて三題となる**予定です。この新たな**「第3問」の試作問題**として、二種類の問題が公表されています（二〇二二年十一月）。この中に、「実用的な文章・資料」にあたるものがありますので、まず、これらを分析し、「実用的な文章・資料」に対する学習法を示します。

## 試作問題「第A問」（演習問題8）の分析

出題された資料は、以下のような構成になっていました。横書きの文章・資料が多かったのが特徴的です。

**【資料Ⅰ】**文章（**横書き**、七〇〇字弱）、**概略図**、**グラフ3つ**
**【資料Ⅱ】**文章（**横書き**、八〇〇字強）

また、**問3**では、**【資料Ⅰ】**と**【資料Ⅱ】**を踏まえて生徒が作成した**レポートの【目次】**が示されました。設問は、これらの**資料を二つ以上参照しながら答えを選ぶ**ものになっていました。各設問で問われていることを理解して使うべき資料を把握するのに時間がかかると思われます。

時間をかければかなり正確に解けると思いますが、本番の試験では、これらの資料をじっくり読み込む時間はないでしょう。資料で読み取るべきポイントは何か、問われているのはどの資料のどの箇所か、といったことを中心に読み取って、設問に対応することが必要です。

## 試作問題「第B問」（演習問題9）の分析

出題された資料は、以下のような構成になっていました。

**【レポート】** 文章（縦書き、七〇〇字程度）
**【資料Ⅰ】アンケート調査**の概要と結果（**グラフ**5つを含む）
**【資料Ⅱ】** 文章（縦書き、五〇〇字程度）
**【資料Ⅲ】** 文章（縦書き、七〇〇字程度、**図**を含む）

設問は、これらのうち**複数の資料を参照して答える**べきものが中心となっています。資料どうしの関連のつかみやすさ、出題内容の把握のしやすさという点では、**第A問**より**第B問**の方がわかりやすいと思われます。

ただ、**第B問**の選択肢の判別はかなり難しく、読んで資料と照合するだけでは解けない問題です。読めたことを基盤にしっかり考察しないと正解できないと思われます。とはいえ、考え込んで時間をかけてしまったら、他の問題の解答時間にも悪影響を及ぼすおそれがあります。

## 読み取りの手順

**第A問・第B問**のいずれも、**学校でのレポート作成の場面を想定**し、その作成過程で資料をどのように扱ってレポートを構成するかを問う出題になっています。**さまざまな文章・資料を的確に分析し、要約・説明・論述などの言語活動**

**に結びつける**ことができるかが問われています。

「実用的な文章」と呼べるものについて、共通テストの本番では、読み取りに時間のかかるようなものは出されていません（本書編集時点）。しかし、共通テストが実施される前に行われたプレテストでは、次のような問題が提示されていました。

**第1回プレテスト（二〇一七年実施）・第1問**

**【冒頭の資料】**高校の生徒会部活動規約
**【資料①・②】**アンケート調査の結果
**【資料③】**高校の校内新聞

**第2回プレテスト（二〇一八年実施）・第2問（演習問題3）**

**【資料Ⅰ】**ポスター
**【資料Ⅱ】**著作権法（抜粋）

第1回プレテストは、実用的な文章と、先生・生徒の会話文が組み合わされるという出題でした。第2回プレテストは、論理的な文章と、ポスター、著作権法の抜粋という実用的な文章とが組み合わされました。「試作問題」との共通点としては、さまざまな文章・資料を的確に分析し、言語活動に結びつけることができるかを問う点が挙げられるでしょう。今後、どのような組み合わせで出題されるかという予想は難しいですが、**複数の資料を短時間で把握し、設問に**

**解答する**ことが必要となります。そのためには、次のような手順が考えられます。

①　問題全体を概観し、**中心となる文章、資料**を把握する
②　中心となる文章、資料を読み、それが**誰のための**、**どのような目的**のものかを確認する
③　設問の意図をつかみ、設問に関わる資料を探し、**重点的に読む**
④　図表やグラフの**関連性**を把握し、それらが表しているものを捉える

本書収載の問題のうち、演習問題３・４・８・９が、「実用的な文章・資料」を含む問題です。目標時間以内に解くことができるよう、練習しておきましょう。

## ◆文章読み取りのポイント

論理的な文章や文学的な文章の読解においては、〈筆者が主張したいのはどういうことか〉ということを読み取るのが中心になりますが、「試作問題」では、事実について説明されている箇所が出題されています。したがって、**書かれている事実を客観的に把握し、他の資料や選択肢などと照らし合わせる**という読み方が必要となります。専門性の高い文章が選ばれる可能性もありますが、難解な語句には注がつくはずですので、どんな文章が出題されてもたじろぐことなく、落ち着いて読み取るようにしましょう。

文章が複数出された場合は、**中心となる文章（読み取りの基準とする文章）を一つに決める**ことができれば、それをよりどころにして、他の文章との比較がしやすくなります。演習問題３・４・８・９で、メインの文章とそれ以外の資

料を照合する練習をしておきましょう。

### ◆グラフ・図・統計表の読み取りのポイント

グラフや統計表については、まず、**見出しの内容**を正確に把握すること。特定の地域や年代を対象とするデータなのか、日本の全国民を対象とするデータなのかによって、表される内容はまったく変わります。また、複数の変化を示すような、複雑なグラフには、**凡例や注意書き**が詳しくついているはずですので、それも見逃さないようにしましょう。たとえば、「0《ゼロ》」という数値が意味する内容も、グラフによって変わるので、注意してください。

具体的な分析においては、**特徴的な部分**（数値が最大／最小になる部分や、変化の大きな部分）に注目すること。また、**変化の傾向**（増加／減少／変化なし）を見るようにしましょう。

新課程の共通テストでは、文章と資料との関連が問われるでしょう。中心となる資料との関連で、**図や表が使われている意図（何を考えさせるために提示されているのか）**をつかむことが重要です。たとえば、次のような意図が考えられます。

▼文章の内容を要約したり、項目を分けたりして示す
▼文章の説明の根拠となるデータを示す
▼文章の内容を補足するデータを示す
▼文章の内容とは異なるデータを示す

文章とまったく関係のない資料は出されないはずだと考えて、どういう関連性があるかをつかむようにしましょう。

　また、**資料から得られる結論や考察**についても問われる可能性があります。新聞や資料集などで図表を見たら、自分なりに分析して考察したうえで、掲載されている図表解説の内容と合致しているか確認する、といった練習をすると効果的です。

　とはいえ、あくまで「国語」の問題として出題されている以上は、他の教科で学んだ知識を参照しながら考えるというよりは、提示された資料をもとに考えることが求められると思われます。苦手な分野の内容が出されたとしても、ひるむ必要はありません。逆に、得意な分野が出された場合も、思い込みで問題にあたると、与えられた資料の読み取りがおろそかになるおそれがあります。どのような分野の問題についても、**書かれている内容に沿って考える**という態度で臨むようにしましょう。

# 第3章

# 演習編

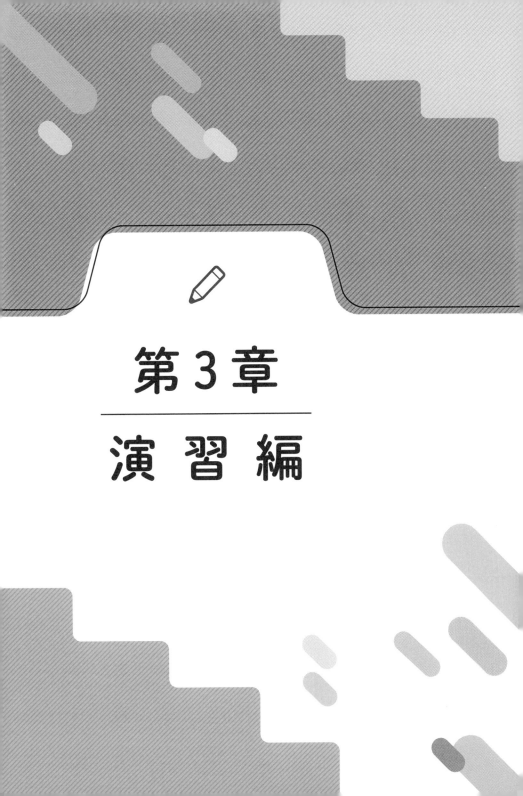

# チェックリスト

本書に収載した 9 題の演習問題について、概要を一覧にしました。演習問題 1 から順番に解いてもよいですし、苦手な分野または得意な分野から取り組んでもよいでしょう。

| 本番で想定される大問 | 目標時間 | 1 回め | | | 2 回め | | |
|---|---|---|---|---|---|---|---|
| | | 月日 | 所要時間 | 採点結果 | 月日 | 所要時間 | 採点結果 |
| 第 1 問 | 20 分 | ／ | 分 | ／45 点 | ／ | 分 | ／45 点 |
| 第 1 問 | 20 分 | ／ | 分 | ／50 点 | ／ | 分 | ／50 点 |
| 第 1 問※ | 20 分 | ／ | 分 | ／50 点 | ／ | 分 | ／50 点 |
| 第 1 問※ | 20 分 | ／ | 分 | ／45 点 | ／ | 分 | ／45 点 |
| 第 2 問 | 20 分 | ／ | 分 | ／50 点 | ／ | 分 | ／50 点 |
| 第 2 問 | 20 分 | ／ | 分 | ／50 点 | ／ | 分 | ／50 点 |
| 第 2 問 | 20 分 | ／ | 分 | ／45 点 | ／ | 分 | ／45 点 |
| 第 3 問 | 15 分 | ／ | 分 | ／20 点 | ／ | 分 | ／20 点 |
| 第 3 問 | 12 分 | ／ | 分 | ／20 点 | ／ | 分 | ／20 点 |

※印＝第 3 問の要素を含む。

（注）　演習問題 1・4 および 7～9 は、新課程で予定されている配点（p.11 参照）に基づいた満点となっています。

問題は解きっぱなしではなく、必ず答え合わせをしておくこと。解くのにかかった時間、自己採点結果は、トライした日付とあわせて書き込みましょう。不得意な文章や設問がある場合は、その問題に集中的に取り組むことをすすめます。

| 問題番号 | 出題文・資料のジャンル | 設問構成 | | | |
|---|---|---|---|---|---|
| | | 文章全体 | 複数資料 | 図表読み取り | 言語活動 |
| 1 | **評論＋評論** | **あり** | **あり** | **あり** | なし |
| 2 | **評論** | **あり** | なし | なし | **あり** |
| 3 | **実用的な文章＋法律＋評論** | **あり** | **あり** | **あり** | なし |
| 4 | **評論＋実用的な資料** | **あり** | **あり** | なし | **あり** |
| 5 | **小説＋その論評** | **あり** | **あり** | なし | なし |
| 6 | **小説＋辞書・俳句** | **あり** | **あり** | なし | **あり** |
| 7 | **小説＋詩** | **あり** | **あり** | なし | **あり** |
| 8 | **報告書＋図＋グラフ＋評論** | なし | **あり** | **あり** | **あり** |
| 9 | **レポート＋グラフ＋評論** | なし | **あり** | **あり** | **あり** |

MEMO

# 演習問題1

問題

**問題**　次の【文章Ⅰ】は原広司《はらひろし》『空間〈機能から様相へ〉』の一節であり、【文章Ⅱ】および【図像Ⅲ】・【図像Ⅳ】は高階秀爾《たかしなしゅうじ》『日本人にとって美しさとは何か』の一節である。これらを読んで、後の問い（問1〜7）に答えよ。なお【図像Ⅲ】・【図像Ⅳ】については、文章中に「（図像Ⅲ）」などの記載はない。（配点　45）

》》目標時間　20分

【文章Ⅰ】

同時にいくつもの像を重ねて見ること、事象の境界を不確定にすること、こうした見方ないしは操作は、空間に関連している。たとえば、文学作品が鑑賞者の意識のなかに、A作者が描出している情景を形成させ、それ以上に他の情景を誘導発生させてそれらを重ね合わせる操作も、私たちが実際の空間を意識し、これに別な記憶の風景を想《おも》い出して重ね合わせるのも、同じように意識がとらえた空間に関するはたらきである。仮想の空間も実在する空間も、意識がとらえた空間として語らねばならないとなれば、窮極としては両者は同じものなのである。とすれば、何も文学だけでなく、諸芸術や工芸、はては日常生活の行動にいたるまで、ある種の空間にたいする認識が文化の底流にあるとする考え方がなりたち、それが「空間概念」と呼ばれるものである。

〈境界がさだかでない〉という現象は、日本の空間、より範囲を狭くすれば日本の建築空間の特性である。言葉をかえれば、境界があると同時に境界がないような空間の連続性、あるいは領域の仕切り方があらゆるところに見うけられる。つまり、日本の建築には強い壁が少ない。ふすまや障子がその(ア)コウレイであり、部屋の境界は可変的である。都市に城壁はなく、家の敷地にも一般的にいえば強い境界はない。「(注)借景」が、ひとつの美学的な手法になっているほどである。部屋の外に縁があり、その外に軒下のあいまいな領域がある。まったく日本の住居ほど領域分析がやっかいな住居はない。世界の伝統的な住居について領域分析をするのは、もちろん例外はいくらでもあるが、日本の住居ほどやっかいでない。壁によってかこまれた部屋があるからである。アフリカの複合住居（コンパウンド）のように、極めて複雑な構成をもっていても、領域分析は容易である。日本の住居は、障子をはずす、ふすまをはずすといった想定を入れれば、壁とは異なったあいまいな領域規定の要素を導入しないかぎり、通常の分析はまず不可能である。そうした仕切り方からくる分析は、日本の伝統的な住居には適していない。こうした確かな境界としての壁をたよりにした空間把握、〈容器としての性格〉に拠《よ》った空間把握が主調となっていないからである。

日本の伝統的住居の領域分析は、たとえば、はれとけ、表と裏、上手と下手、縁と奥といったような傾向分析によってとらえられてきた。これをより一般化すると、「しつらえ」であり「座」である。これらは、領域を漠然と指定する手段であり、[B]方法である。このような概念は、物理的な壁（エンクロージャー）がなくとも、空間を〈場としての性格〉でとらえるところから生まれている。

こうした日本の空間にみられる特性は、従来、気候条件や生産方式によって説明されてきたが、それももちろん妥当な説明である。しかし、日本の空間には、身体的な快適さや技術にあわせて、境界を明確にしない方がよいとする価値観があり、そうした美学が日本の空間の諸形式を決定してきたと思われる。

C閑《しづか》さや岩にしみ入《いる》蝉《せみ》の声　　芭蕉

芭蕉によって一挙にその意味の重みが明らかにされた「しみる」という動詞は、日本の文化の性格を説明する述語のひとつである。日本人なら、まず知らない者はいないと思われるこの句は、説明の要もなく、境界についての(注)メタファである。実際のところ、事象が融合する様相は、美しい風景のひとつの条件として、今日なお日本人の価値観のなかに生きつづけているように思われる。たとえば、融合は、霞《かすみ》と花（桜）にみられる。霞や花は、もともと境界が定かでなく、不定形である。不定形なものの相互の融合、(イ)ハンゼンとしない色彩相互の浸透、不安定な音相互の重ね合わせ、これらは、日本中世の絵画や書や音楽の手法というより基本的な特性にみられるばかりでなく、日常の情景あるいは風景にあって価値づけられていたのではないだろうか。

（原　広司『空間〈機能から様相へ〉』による）

（注）○借景――庭園外の遠山や樹木などを、庭園の景観にとり入れること。
○メタファ――metaphor　隠喩《いんゆ》（暗喩）。

【文章Ⅱ】

千利休の朝顔をめぐるエピソードは、比較的よく知られた話であろう。利休は珍しい種類の朝顔を栽培して評判を呼んでいた。その評判を聞いた秀吉が実際に朝顔を見てみたいと望んだので、利休は秀吉を自分の邸に招く。ところがその当日の朝、利休は庭に咲いていた朝顔の花を全部摘み取らせてしまった。やって来た秀吉は、期待を裏切られて、当然不機嫌になる。しかしかたわらの茶室に招じ入れられると、その床の間に一輪、見事な朝顔が活けられていた。それを見て秀吉は大いに満足したという。

このエピソードに、D美に対する利休の考えがよく示されている。庭一面に咲いた朝顔の花も、むろんそれなりに魅力的な光景であろう。しかし利休は、その美しさを敢えて犠牲にして、床の間のただ一点にすべてを凝縮させた。一輪の花の美しさを際立たせるためには、それ以外の花の存在は不要である。いやそれどころか邪魔になるとさえ言えるかもしれない。邪魔なもの、余計なものを切り捨てるところに利休の美は成立する。

だが庭の花を摘み取らせたことの意味は、余計なものの排除という点にだけ尽きるものではない。花のない庭というのは、それ自体美の世界を構成する重要な役割を持っている。期待に満ちてやって来た秀吉は、一輪の花もない庭を見て失望し、不満を覚えたであろう。茶室に入ったときも、その不満は続いていたはずである。そのような状態で床の間の花と対面したとすれば、何もなしに直接花と向き合ったときと較べて、不満があった分だけ驚きは大きく、印象もそれだけ強烈なものとなったであろう。利休はそこまで計算していたのではなかったろうか。

つまり床の間の花は、庭の花の不在によっていっそう引き立てられる。このような美の世界を仮りにイッ(ウ)プクの絵画に仕立てるとすれば、画面の中央に花を置くだけでは不充分であり、一方に花が、そして他方に何もない空間が広がるという構図になるであろう。日本の水墨画における余白と呼ばれるものが、まさしくそのような空間である。

この「余白」という言葉は、英語やフランス語には訳しにくい。西洋の油絵では、風景画でも静物画でも、画面は隅々まで塗られるのが本来であり、何も描かれていない部分があるとすれば、それは単に未完成に過ぎないからである。だが例えば長谷川等伯の《松林図》においては、強い筆づかいの濃墨の松や靄のなかに消えて行くような薄墨の松がつくり出す樹木の群のあいだに、何もない空間が置かれることによって画面に神秘的な奥行きが生じ、空間自体にも幽遠な雰囲気が漂う。また、大徳寺の方丈に探幽が描いた《山水図》では、何もない広々とした余白の空間が、あたかも画面の主役であるかのように見る者に迫って来る。

【図像Ⅲ】

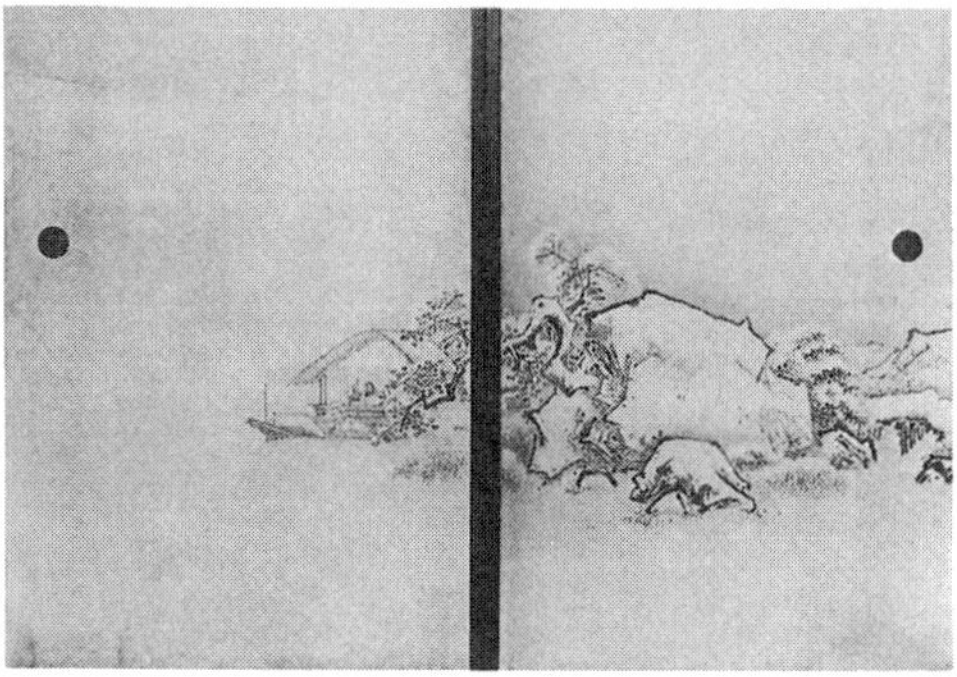

【図像Ⅳ】

上・長谷川等伯《松林図》（部分）安土桃山時代、東京国立博物館蔵
下・狩野探幽《山水図》1641年、大徳寺蔵

（高階秀爾『日本人にとって美しさとは何か』による）

問1　傍線部(ア)〜(ウ)に相当する漢字を含むものを、次の各群の①〜④のうちから、それぞれ一つずつ選べ。解答番号は 1 〜 3 。

(ア)　コウレイ　1
① キュウコウを温める
② 世界記録をコウシンする
③ コウイを無にする
④ コウセツは問わない

(イ)　ハンゼン　2
① 事の真相がハンメイする
② ハンキをひるがえす
③ 手続きがハンザツだ
④ 夫をドウハンする

(ウ)　イップク　3
① フフクをとなえる
② 舟がテンプクする
③ ゼンプクの信頼をおく
④ 新郎新婦をシュクフクする

問2　傍線部A「実際の空間を意識し、これに別な記憶の風景を想い出して重ね合わせる」とあるが、その実例として最も適当なものを、次の①〜⑤のうちから一つ選べ。解答番号は 4 。

① 夏山や一足づつに海見ゆる（小林一茶）
② 霧しぐれ富士を見ぬ日ぞ面白き（松尾芭蕉）
③ 春の海終日《ひねもす》のたりのたりかな（与謝蕪村）
④ 蝶の舌ゼンマイに似る暑さかな（芥川龍之介）
⑤ めでたさも一茶位や雑煮《ざふに》餅《もち》（正岡子規）

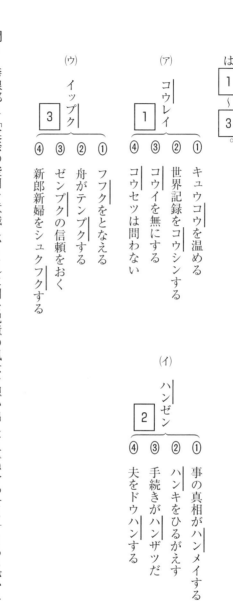

問3　空欄［B］に入る最も適当なものを、次の①〜⑤のうちから一つ選べ。解答番号は［5］。

①　確かな境界に名前をつける
②　あいまいな領域をゼロにする
③　通常の領域分析を可能にする
④　壁によって確かな境界を設ける
⑤　見えない領域に秩序をあたえる

問4　傍線部C「閑さや岩にしみ入蟬の声」という句の、筆者の論旨に即した鑑賞として最も適当なものを、次の①〜⑤のうちから一つ選べ。解答番号は［6］。

①　「しみ入」という表現は、蟬の声が強い境界を持つ岩の深部に浸透していく感じを与える。その声がひたむきであればあるほど、蟬の生の切なさを感じさせ、それがまた一生を旅に送った芭蕉の「漂泊の思い」の強さをも象徴している。
②　「岩にしみ入」と感じられる声の性質からすると、一匹の蟬の声が青空に鋭く響いているのであろう。とかく騒がしいものとされる蟬の声を、「閑さ」を深めるものとしてとらえたところに、芭蕉の美学の独自性がうかがわれる。
③　蟬の声は岩という強い境界を持つ物体にしみ入り、山寺の大いなる「閑さ」の中に吸い取られていく。このような事象の相互浸透性や融合性を一句の中にみごとに定着させた芭蕉の言葉づかいと高い境地を味わうべきである。

④「しみ入」という表現は、芭蕉の理想とした「さび」の境地を示すものである。また、山寺の「閑さ」に浸り自然と一体化している芭蕉の姿には、事象を融合し、境界を不明確にすることをよしとする日本人の美学が示されている。

⑤静中の動をとらえて、同時に動中の静を感じさせる句である。この静と動の相互浸透をよしとするのが日本文化の伝統であり、その伝統に根ざしつつ、さらに高次の「閑さ」の境地をとらえたところに蕉風俳諧《しょうふうはいかい》の質の高さが認められる。

問5　傍線部Ｄ「美に対する利休の考え」について筆者はどのように理解しているか。その説明として最も適当なものを、次の①～⑤のうちから一つ選べ。解答番号は［７］。

①朝顔の花なら一輪のみを際立たせるのがよく、それ以外は余計なものとして排除してかまわない。そうすることで、一輪の花とその余白という構図全体が美的空間を構成することになる。

②朝顔の花なら庭一面に咲いた花もそれなりに魅力的な光景ではあるが、平凡でありふれている。これに対して、床の間に花が一輪ある光景は意外性があり、それだけ美の印象も強烈になる。

③朝顔の花なら庭一面に咲いた花はすべて不要で、床の間に生けた花一輪に美を凝縮させねばならない。そうすることで、美が唯一で絶対のものであることを見る者に訴えることができる。

④朝顔の花なら床の間のような人工的な空間に一輪生けてこそその美が生きるのである。庭一面に咲いた花もそれなりに魅力的な光景ではあるが、美の要素の一つである洗練さに欠けている。

⑤朝顔の花なら庭一面に咲いた花をすべて摘み取らせるのがよい。そうすれば、花のない現実空間と花のある想像空間を重ね合わせるという、二重化された美の空間を演出することができる。

問6　【文章Ⅱ】にふさわしい標題、およびそのような標題を付ける理由の説明として最も適当なものを、次の①～⑤のうちから一つ選べ。解答番号は 8 。

① 前半の千利休の朝顔のエピソードをふまえて、後半では日本の水墨画と西洋の絵画を対比しながら論じているので、「和洋の美意識の違い」という標題がふさわしい。
② 等伯の《松林図》や探幽の《山水図》もあげられているが、何と言っても千利休の朝顔のエピソードが印象的なので、「利休の美学」という標題がふさわしい。
③ 庭の花の不在が秀吉の不興を買ったという話を、西洋絵画における未完成と日本の水墨画における余白に関連づけているので、「未完成の余白」という標題がふさわしい。
④ 千利休が床の間の一輪の朝顔に美を凝縮し、また等伯や探幽もそれぞれ松林や岩山のみを描いたという内容になっているので、「美の凝縮」という標題がふさわしい。
⑤ 千利休の花の不在の空間は日本の水墨画における余白の空間であるとして、その具体例が二つ示されるという展開になっているので、「余白の美学」という標題がふさわしい。

問7　【文章Ⅰ】・【文章Ⅱ】、ならびに【図像Ⅲ】・【図像Ⅳ】に関して述べたものとして最も適当なものを、次の①～⑤のうちから一つ選べ。解答番号は 9 。

① 【文章Ⅰ】では、事象の境界を不確定にすることによって仮想の空間に美を構築する方法が、芸術ばかりでなく、日本文化全般に及んでいると述べている。【文章Ⅱ】では、日本の水墨画が余計なものを排除してきたと述べているが、その例としてあげている【図像Ⅲ】・【図像Ⅳ】は、余白の効果によって非現実的な空間を現出して

いる。このように両者の主張には偶然とは思えない一致点が見出せる。

② 【文章Ⅰ】では、日本人の美意識が身体的な快適さや合理的な技術以上のものを求め、不定形なものの相互の融合を進めてきたと述べている。【文章Ⅱ】では、日本の水墨画においては余白が画面の主役になると述べている。その例としてあげている【図像Ⅲ】・【図像Ⅳ】は、確かに余白の白い空間が圧倒的な存在感を持っており、前者では触れていない、日本人の別の美意識が認められる。

③ 【文章Ⅰ】では、日本人は境界を明確にしない方がよいとする価値観を有し、不定形なものの重なり合いや事象の融合する様相に美を認めてきたと述べている。【文章Ⅱ】では、日本の水墨画は余白に積極的な価値を認めてきたと述べているが、その例としてあげている【図像Ⅲ】・【図像Ⅳ】では、景物が余白と連続するように描かれている。それゆえ両者の主張にはある種の関連があるように思える。

④ 【文章Ⅰ】では、境界をあいまいにして空間の連続性を認める考え方は自然を畏敬するという中世以来の伝統的自然観によるものであると述べている。【文章Ⅱ】では、余計なものを排除するところに日本人の美意識や自然観が表われていると述べている。その例としてあげている【図像Ⅲ】・【図像Ⅳ】には景物が描かれているばかりで、前者のように自然を畏敬するという宗教的観念は認めがたい。

⑤ 【文章Ⅰ】では、日本の伝統的な住宅や敷地に明確な境界がないのは、日本人があいまいさをよいとするからであり、それは空間意識の欠如を示すものであると述べている。【文章Ⅱ】では、日本の水墨画は西洋の絵画から見れば未完成に見えると述べているが、その例としてあげている【図像Ⅲ】・【図像Ⅳ】は、中心にある景物の背景が描かれていないために遠近感がない。両者の主張は重なっている。

〔一九九〇年度本試験第１問・改〕

# 演習問題1

## 解答解説

### 解答

問1　(ア)＝③　(イ)＝①　(ウ)＝③（6点・各2点）　問2　②（6点）　問3　⑤（4点）
問4　③（7点）　問5　①（7点）　問6　⑤（7点）　問7　③（8点）

### 出典

Ⅰ　原広司『空間〈機能から様相へ〉』（岩波書店）
Ⅱ　高階秀爾『日本人にとって美しさとは何か』〈余白の美学〉（筑摩書房）

原広司（一九三六年〜）は建築家。神奈川県出身。東京大学工学部建築学科卒業。東京大学名誉教授。設計組織RASを結成し、その中心メンバーとなる。建築空間に関する理論とその実践で知られる。著書に『建築に何が可能か』『住居に都市を埋蔵する』などがある。『空間〈機能から様相へ〉』は一九八七年刊。

高階秀爾（一九三二年〜）は美術史家・美術評論家。東京都生まれ。東京大学教養学部卒業。同大学院人文科学研究科美術史専攻満期退学。西洋美術から日本美術まで造詣が深い。著書に『ルネッサンスの光と闇』『美の回廊』などがある。『日本人にとって美しさとは何か』は二〇一五年刊。

## 要旨

Ⅰ　〈境界がさだかでない〉という現象は日本の空間、特に建築空間の特性である。境界があると同時に境界がないような空間の連続性、あるいは領域の仕切り方が、ふすまや障子や「借景」などあらゆるところに見受けられる。このように境界を明確にしない方がよいとする価値観や、事象が融合する様相に美を見出す美学は、日本中世の絵画や書や音楽に見られるばかりでなく、日常の情景あるいは風景にあって価値づけられていたのであり、今日なお日本人のなかに生きつづけているように思われる。

Ⅱ　利休が庭の朝顔の花を全部摘み取らせたのは、床の間の一輪の花を際立たせるためであったが、花のない庭も美の世界を構成する重要な役割を担っているという認識が利休にはあったと推測される。これは日本の水墨画における余白に該当する。余白は空間自体に幽遠な雰囲気を漂わせたり、あるいは画面の主役であるかのように見る者に迫ってきたりする。

## 語句

Ⅰ　**事象**＝出来事や事柄。

**ふすまや障子**＝「ふすま」は押し入れの引き戸や部屋の仕切りとして使うもので、木枠に光を通さない布や和紙を貼り重ねてある。「障子」は窓前や部屋の仕切りとして使うもので、木枠に光を通す和紙が貼ってある。

**はれとけ**＝「はれ（晴）」は祭りや儀礼、年中行事などの非日常を表し、「け（褻）」は普段の生活である日常を表す。

Ⅱ　**千利休**＝一五二二～一五九一年。安土桃山時代の茶人。千家流茶道の開祖。織田信長・豊臣秀吉に仕えて御茶頭《おさどう》となるも、秀吉の怒りを買い、切腹を命じられた。

**床の間**＝掛軸・置物・花などを飾るために、座敷の正面に設けられた、床を一段高くした場所。

長谷川等伯＝一五三九～一六一〇年。安土桃山時代の画家。日本独自の水墨画様式を確立した。

探幽＝狩野探幽。一六〇二～一六七四年。江戸前期の画家。幕府の御用絵師となり、江戸狩野派の様式を確立した。

## 解説

### 問1　標準　1～3　正解は　(ア)＝③　(イ)＝①　(ウ)＝③

(ア)　好例　①旧交　②更新　③好意　④巧拙
(イ)　判然　①判明　②反旗　③煩雑　④同伴
(ウ)　一幅　①不服　②転覆　③全幅　④祝福

### 問2　標準　4　正解は②　複数資料

**傍線部の具体例**を問う設問。傍線部の内容を理解したうえで、それと関連のある例文を見つけるという**応用型の設問**である。この手の設問に対してはまず自分なりに具体例を考えてみるとよい。そうすることで正解の方向性が見えてくる。そこで傍線部だが、「実際の空間」に「別な記憶の風景」を「重ね合わせる」というのだから、目の前の景色を見ながら、それとは別の景色を思い出して両者を比較したり関連づけたりすることをいったものだと理解できる。例えば、川が増水して濁流が逆巻く様子を見ながら、清流が穏やかに流れていたときの情景を思い出してその変貌に驚くといった例や、旅先で田園風景を眺めながら故郷のよく似た景色を懐かしむといった例などが考えられよう。したがって実際の景色＋過去の景色というポイントが導ける。
選択肢は、このポイントがはっきりと表れているもの、このポイントを客観的に指摘できるものを選ぶ。正解は②で、時雨が降るように深く立ち込めた霧のために富士山は見えないけれども、かつて見た富士山の姿を想像するのも一興だと詠んでいる（「見ぬ」の「ぬ」は打消の助動詞「ず」の連体形。「面白き」は〝興趣深い〟の意）。この句は『野ざらし紀行』の中の一句である。芭蕉が江戸を出て箱根の関を越えた日、あいにく霧のために富士山を見ることができなかった体験を詠んだもので、**記憶にある実景の富士山を言外に示唆している**点がこの句の俳味（＝軽やかでしゃれた味わい）となっている。藤原定家の有名な歌「見渡せば花も紅葉もなかりけり浦の苫屋《とまや》の秋の夕暮れ（＝見渡すと、花も紅葉もないことだなあ。この海辺の漁師の小屋に迫り来る秋の夕暮れは）」を連想させる秀句である（ただし定家の歌は実景を詠んだものではないとされる）。なおこの句の季語は「霧しぐれ」で、季節は秋である。

①　夏山に登り頂上に近づくにつれて、一足ごとに眼下に海が姿を現してくるという情景を詠んだもの。実際の景色を見て詠んだ句で、記憶の景色は詠み込まれていない。いや、作者は一度ここに来たことがあり、そのときの情景を思い出しながら、一歩ごとに海が現れる景色を確認しているという解釈も成り立つのではないか、という反論もあるかもしれない。しかしそれは恣意的な解釈と言わざるを得ない。この句について、過去に見た情景を思い出しているのだという解釈が通るのなら、他の句にも当てはまってしまうだろう。国語の問題においては、小説の読解にせよ詩歌の鑑賞にせよ、さまざまな解釈の可能性の中から、難のあるもの、こじつけと受け取られそうなものを排除し、誰もが認める最大公約数的な解釈をしなければならない。なお、季語は「夏山」、季節は夏である。

③　穏やかな春の海に一日中、波がのたりのたりと寄せては返すという情景を詠んだもの。この句についても、例えば、蕪村はかつての荒れた春の海を思い出しながら、目の前の穏やかな海を眺めているのだと理解したら、その「解釈」は少なくとも国語の解答としては退けられるだろう。季語＝「春の海」。季節＝春。

④　夏の暑さの中、蝶の舌がまるで機械のゼンマイのようにくるくるっと巻いている情景を詠んだもの。蝶の舌をゼンマイに見立てる発想の面白さがこの句の妙味である。「ゼンマイ」という語の金属的な語感も、ギラギラする太陽の光とうまく照応している。この句はもちろん風景を詠んだものではないから不適となる。季語＝「蝶」。季節＝春。

⑤　病の身には正月のめでたさも中くらいだという感慨を雑煮餅（「雑煮」に同じ）に込めて詠んだもの。一茶の有名な句「目出度《めでた》さもちう位なりおらが春」をパロディ化した句で、自身を一茶になぞらえて茶化すユーモア精神があふれている。この句も風景を詠んだものではない。季語＝「雑煮餅」。季節＝新年。

□□

## 問3　標準　5　正解は⑤

**空欄を補充**する設問。空欄前後の文脈が把握できているかどうかを試す設問である。ただし本問では直前の第二段落の内容理解もからんでくる。

第二段落では世界の伝統的な住居と日本の伝統的な住居とが対比される。すなわち、前者は空間を境界づける壁があるためにその領域分析が容易であるのに対して、後者はふすまや障子によって部屋の境界が可変的であり、また縁や軒下といったあいまいな領域があるために、その通常の領域分析は不可能であると説明される。そしてその代わり、「はれとけ、表と裏……縁と奥といったような傾向分析」がなされてきたと説明される（第三段落）。例えば「上手と下手」をあげるなら、客人は部屋の奥の方（上手）に座り、家人は部屋の入り口近く（下手）に座るといった例を考えるとよい。客人の座と家人の座とのあいだに明確な（物理的な）境界線があるわけではなく、両者の相対的な位置関係に**よってそれぞれの領域**（客人の座＝貴、家人の座＝賤）**が指定されるわけである**。これが空欄直前の「領域を漠然と指定する手段」である。空欄にはこれを言い換えた表現が入る。正解は⑤で、明確な境界線がないという意味で「見えない領域」と表現し、にもかかわらず序列が定まるという意味で「秩序をあたえる」と表現している。

①は「確かな境界」とあり不適。②・④は物理的に境界づけることをいうから不適。③は第二段落の内容に矛盾する。

## 問4　標準　6　正解は③　文章全体

**発句の鑑賞**を問う設問。ただし「**筆者の論旨に即した**」という条件がつく。まずこの句について。芭蕉が山形県の立《りっ》石寺《しゃくじ》に参詣したときに詠んだもので、『奥の細道』に収録されている。この句は従来、「閑さ」＝〝静寂〟と「蟬の声」＝〝喧騒《けんそう》〟を結びつけた逆説的表現（＝一見したところ真理にはずれているように見えて、実は一面の真理を表している表現）が鑑賞のポイントになってきた。しかし筆者は「しみ入」という表現に着目する。この「しみる（＝液体や気体が他の物に付着して、次第に深く広がる）」という動詞は「**境界を明確にしない方がよいとする価値観**」（傍線部の直前文）を示す一例であり、「事象が融合する様相は、美しい風景のひとつの条件」（傍線部の三文後）であると言うのである。そして事象の融合の代表例として霞と花（桜）をあげている。したがって筆者は「しみる」という動詞を手がかりに、**蟬の声と岩が融合する様相**を鑑賞のポイントに置いていることになる。

　選択肢は事象の融合を手がかりにすればよく、「事象の相互浸透性や融合性」とある③と、「事象を融合し」とある④に絞る。そして「**蟬の声は岩という強い境界を持つ物体にしみ入り**」を決め手に③を選択すればよい。

①「蟬の生の切なさ」「漂泊の思い」が不適。本文の内容からはずれる。「蟬の生の切なさ」が「漂泊の思い」を象徴するという説明も意味が通じない。

②「蟬の声」と「閑さ」の逆説的な結びつきを言ったもので、筆者の鑑賞のポイントからはずれる。また「一匹の蟬の声」と解釈する根拠も乏しい。むしろ多くの蟬が鳴いているととるのが自然である。

④「しみ入」すなわち事象の融合と「さび」を結びつけて説明した点が不適。本文に書かれていない。たしかに「さび」も①の「漂泊の思い」も芭蕉とは切っても切れない関係にある語句であるが、本文の内容からはずれてしまうと、不適となる。あくまでも本文を前提としなければならない。

⑤「静と動の相互浸透」とは何を言うのか意味不明であり、本文にそれらしい記述もない。かりに「静」を「閑さ」

ととり、「動」を「しみ入」ととると、「閑さ」と「しみ入」が浸透し合うということになりナンセンスになってしまう。かといって「動」=「蟬の声」とはならない。

## 問5　標準　7　正解は①

**傍線部の内容**を問う設問。朝顔を見たいと望んだ秀吉を、千利休が自邸に招くが、当日の朝、庭の朝顔の花をすべて摘み取らせてしまったというエピソードについて、傍線部以下、第四段落にかけてその意図の解明が試みられる。それによれば、床の間の一輪の花に美を凝縮させるためには庭の花は不要である（第二段落）。しかし花のない庭は無意味な空間ではなく、美の世界を構成する役割を持っているのであって（第三段落）、その空間は床の間の花を引き立てる余白なのである（第四段落）、と説明される。このように筆者は、利休が花のない庭の存在意義を十分に認識していたと考えている。よって傍線部を簡潔に説明すれば、**余白は美を構成する重要な要素であるということ**になる。

選択肢は、**花のない庭=余白の美**という観点から吟味すればよく、「**一輪の花とその余白という構図全体が美的空間を構成する**」と説明した①を選択すればよい。

② 内容的には誤りと言えない。「平凡でありふれている」とあるのは「それなりに」（第二段落）をふまえたもの。「意外性」も第三段落の「驚きは大きく」に合致する。しかし、花のない庭の積極的な価値=余白を説明していない点が難点で、不適となる。

③「美が唯一で絶対のものである」が不適。本文に書かれていない。これは「ミロのヴィーナス」や「モナリザ」などに代表される、西洋的な美意識を表すものである。余白にも触れていない。

④「美の要素の一つである洗練さに欠けている」が不適。床の間の花が洗練された美であるとは書かれていない。余白にも触れていない。

⑤「花のない現実空間と花のある想像空間を重ね合わせる」以下が不適。【文章Ⅰ】の内容を借用して説明しており、【文章Ⅱ】の内容からはずれている。複数の文章や図版などが提示された場合は、それぞれの内容をきちんと把握し、そのいずれの内容が問われているのか、あるいはそれらの異同や関連が問われているのか、きちんとおさえたうえで選択肢を吟味しよう。

## 問6　標準　8　正解は⑤　文章全体

【文章Ⅱ】について、**標題およびその理由**を問う設問。利休の〈花のない庭〉が日本の水墨画における余白に該当するとして、最終段落では水墨画における余白の実例が示され、「画面に神秘的な奥行きが生じ、空間自体にも幽遠な雰囲気が漂う」とその意義が説明される。ここで、利休の〈花のない庭〉と、等伯の《松林図》を図式化して示すと次のようになる。

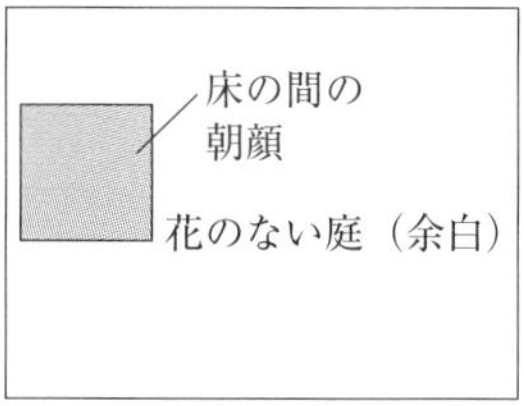

利休の〈花のない庭〉

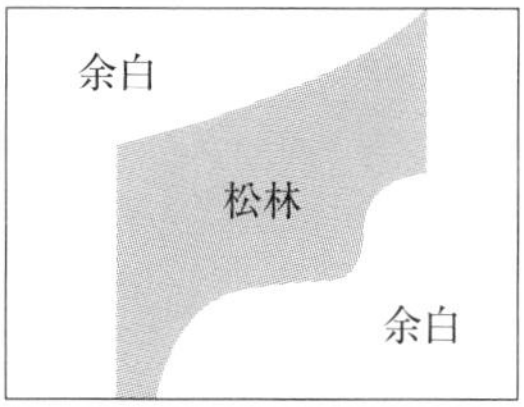

等伯の《松林図》

この二つの図からもわかるように、筆者は余白の空間の意義を強調し、それが日本的な美を構成していると主張している。そこでどのような標題（表題・タイトル）を付けるかという点に進もう。そもそも標題は、

(1)　**本文で繰り返し使われるキーワード**
(2)　**本文の内容を象徴するような語句**
(3)　**本文の要旨を端的に表すような語句**

のいずれかを用いて付けるのが一般的である。【文章Ⅱ】の場合、⑴や⑶の方法に拠れば、前半で頻出する「美」（四回登場する。「美しさ」も入れると六回）と、後半で頻出する「余白」（三回）および「空間」（五回）の三語が候補にな

る。あるいは⑵の方法に拠れば、余白の空間を象徴する「花のない庭」や「日本の水墨画」といった表現が考えられる。前者（⑴・⑶の方法）であれば、やはりこの文章の焦点である「余白」が最もふさわしい。また後者（⑵の方法）であれば、「花のない庭」の方が印象的かつ気の利いた表現であろう。

そこで選択肢を吟味すると、「花のない庭」に類する標題は見当たらないので、「余白」を手がかりにすれば、「未完成の余白」とある③と、「余白の美学」とある⑤に絞ることができる。そして「千利休の花の不在の空間は日本の水墨画における余白の空間である」を決め手に⑤を選択すればよい。「その具体例」とはもちろん等伯と探幽の水墨画を指している。

① 「和洋の美意識の違い」に該当するのは、空白部分を余白と見るか未完成と見るかの違いを指摘した最終段落前半部にすぎず、全体を総括する標題としては不適となる。

② 「千利休の朝顔のエピソードが印象的」だというのはその通りだが、「利休の美学」を前面に押し出してその特徴を説明した文章ではないので不適となる。

③ 「未完成」という語は西洋絵画から見た、「余白」に対する否定的な評言にすぎず、本文の主題とはならないので不適となる。

④ 「凝縮」という語は第二段落で一回使われているだけであり、また松林や岩山に美を凝縮したという趣旨のことも書かれていないので不適となる。

## 問7　やや難　9　正解は③　図読み取り　複数資料　文章全体

**二つの文章と二つの図像の関連**を問う設問。再度確認しておくと、【文章Ⅰ】は、**境界を明確にしない方がよいとする価値観**を日本人が共有していると主張している。【文章Ⅱ】は、**日本の水墨画は余白を美の構成要素としている**と主張している。では二つの図像を見てみよう。まず【図像Ⅲ】は靄《もや》にかすむ松の木が数本描かれているのみで、他は余白である。「靄のなかに消えて行くような薄墨の松」とあるように、まるで松の幹や枝が靄のなかに溶け込むかのようである。また**松と余白との境界もはっきりしない**。次に【図像Ⅳ】は中央に岩山と松の木らしきものが描かれ、左の奥に庵が描かれている。その周囲を取り囲むのは霧か雲であろう。でもそれとして描かれず空白となっている。もちろん筆者は余白の例の一つとしてこの図像をあげている。余白との境界は【図像Ⅲ】ほど不分明ではないが、下側は余白に連続するように描かれている。描かれた景物の下側に強い輪郭線はなく、**余白との境界は不分明**である（岩山の上部が強い境界線で描かれているのは岩の物質感を強調するためであろう）。これはまさしく【文章Ⅰ】の主張と一致しており、両者の文章の主張には相通ずるものがあると言えそうである。考えてみれば、余白の美と言っても、中央に全体の輪郭線がはっきりした景物を置き周囲を余白にしても、景物と余白の対立が際立つだけで全体の統一感は得られず、まさしく「未完成」な絵としか見えないだろう。これに対して輪郭線を薄く、細くするか、限りなくぼかせば余白と連続し、全体の統一感が生まれると言えよう。それでは以上の検討をふまえて選択肢を吟味しよう。この設問は消去法で解く。

①不適。【文章Ⅰ】に関して「仮想の空間」と限定して説明している。これは第一段落の「仮想の空間も実在する空間も」とあるのに矛盾している。また【文章Ⅱ】について「余計なものを排除してきた」とあるが、むしろ余白を有効に用いてきたのである。さらに【図像Ⅲ】・【図像Ⅳ】に関して「非現実的な空間を現出している」と説明している。だが【図像Ⅳ】の描写はある程度リアルで「非現実的」とまでは言えない。よってこの説明も不適となる。

②不適。【文章Ⅰ】に関して「身体的な快適さや合理的な技術以上のものを求め」とあるのは、第四段落の「身体的な

快適さや技術にあわせて（＝加えて）」に合致しない。また【文章Ⅱ】について「余白が画面の主役になる」と断定しているけれども、本文では「あたかも画面の主役であるかのように」（最終段落）と比喩的に述べられているにすぎない。さらに【図像Ⅲ】については松林の存在感が強く、「（余白の）圧倒的な存在感」とは言いにくい。

③適当。【文章Ⅰ】・【文章Ⅱ】の文章についての説明は右に述べたことに合致する。【図像Ⅲ】・【図像Ⅳ】についても、「景物が余白と連続するように」と妥当な説明をしている。「連続」は「融合」の言い換えと理解できる。さらに「両者の主張にはある種の関連があるように思える」という評言も、右に確認したように首肯できる。

④不適。【文章Ⅰ】に関して「自然を畏敬するという中世以来の伝統的自然観による」とは本文に書かれていない。また【文章Ⅱ】について、余計なものを排除するのが「日本人の美意識」であり「自然観」であると説明しているが、「自然観」に関しては本文に書かれていない。さらに【図像Ⅲ】・【図像Ⅳ】が「自然観」の例としてあげられているという説明も誤りとなる。ただ「宗教的観念は認めがたい」というのはその通りであろう。

⑤不適。【文章Ⅰ】に関して「空間意識の欠如を示す」とは本文で述べられていない。常識的に考えても「空間意識」（例えば上下・左右の感覚）がないということはありえない。また【図像Ⅲ】・【図像Ⅳ】について「遠近感がない」というのは、【文章Ⅱ】の最終段落で、【図像Ⅲ】について「神秘的な奥行きが生じ」とあるのと合致しない。

# 演習問題２

## 問題

**問題**　次の文章を読んで、後の問い（**問１〜６**）に答えよ。なお、設問の都合で本文の段落に[1]〜[8]の番号を付してある。
（配点　50）　≫ 目標時間　20分

[1] 椅子の「座」と「背」について生理学的にはふたつの問題があった。西欧での椅子の座法は、尻、腿《もも》、背をじかに椅子の面に接触させる。そこに自らの体重によって圧迫が生じる。接触とはほんらい相互的であるから、一方が硬ければ軟らかい方が圧迫される。板にじかに座ることを考えればよい。ひどい場合には、血行を阻害する。たぶん椅子の硬さは、人びとに「血の流れる袋」のような身体のイメージを喚起していたにちがいない。もうひとつは椅子に座ることで人間は両足で立つことからは解放されるとはいえ、上体を支えるには、それなりに筋肉を不断に働かせている。この筋肉の緊張が苦痛をもたらすことは、私たちが椅子の上で決して長時間、一定の姿勢をとりつづけられず、たえず動いている方がずっと楽だという経験的事実からも明らかである。椅子は休息のための道具とはいえ、身体に生理的苦痛をひきおこすものでもある。

[2] 一七世紀の椅子の背が後ろに傾きはじめたのは、上体を支える筋肉の緊張をいくらかでも緩和するためであった。そのためには身体を垂直の姿勢から次第に横臥《おうが》の状態に近づけていけばよい。イノケンティウス一〇世の肖像（注１）でみたように、公的な場で使われる椅子では決して威厳を失うほど後ろに靠《もた》れた姿勢がとられなかったが、「背」の後傾が純粋に生理的な身体への配慮から追求される場合もあった。その結果が、私たちがもっと後の時代の発明ではないかと想像しがちなリクライニング・チェアの発明になった。これにキャスターをとりつけた車椅子も同時にうまれていた。このふたつとも、もちろん、一七世紀にあっては高位の身障者、病人のために発明されたのである。リクライニング・チェアは、骨とそれをつつむ筋肉からなる一種

のバロック(注2)的な「身体機械」のイメージを(ア)イダかせたにちがいない。次の世紀には『人間機械論(注3)』があらわれて、「人間はゼンマイの集合にすぎない」というようになる時代である。

3 一七世紀半ばにスペインの王フェリーペ二世のために考案された椅子のスケッチが残っている。普通の状態ではすでにあげた一七世紀の椅子のかたちと同じだが、後ろに重心がかかるから、倒れないために後脚を少し斜め後ろに張り出している。馬の毛を塡《つ》めたキルティング(注4)で蔽《おお》った背は両側の大きな留め金具で適度な傾きに調整でき、足台も同様の留め金具でそれにあわせて動かせるので、背を倒し足台を上げると、身体に横臥に近い姿勢をとらせることができる。こうして背を立てていると王者らしい威厳も保てる車椅子が考えられていた。実際にフェリーペ二世のためにつくられた車椅子はこのスケッチとは若干ことなり、天幕を張っていたようであり、足台はなかった。このような仕掛けはいろいろ工夫される。たとえばスウェーデンのチャールス一〇世の身障者椅子では、背と足台を腕木にあけた穴を通した紐《ひも》で連動させていた。病人用の椅子から、背の両側に目隠し用の袖を立てた仮眠のためのスリーピング・チェアがうまれ、それは上流社会で静かに流行した。

4 Aもうひとつの生理的配慮も、背の後傾とどちらが早いともいえない時期に生じている。どちらも身体への配慮にもとづくから不思議ではない。椅子からうける圧迫をやわらげる努力は古くから行われてきた。エジプト人(注5)は座に曲面をあたえた椅子をつくっていたし、植物セン(イ)イや革紐で網をあんで座の枠に張ってもいた。ギリシャのクリスモスの座も編んだしなやかなものであった。しかし、それでも充分とはいえなかったので、古代からクッションが使われてきた。エジプトでもアッシリアでも玉座には美しいクッションが使われているし、ギリシャのクリスモスの上にもクッションを置いて使うのが常であった。中世では四角い膨らんだクッションがそれ自体可動の家具のようにさえなっていた。長持(注6)ちはその上にクッションを置けば腰掛けにもなった。窓ぎわの石の腰掛けもクッションを置きさえすれば快適だった。クッションは石や木の硬さをやわらげ、身体は軟らかい触覚で座ることができた。しかし、いまから考えれば驚くことだが、クッションはその美しい色彩とともに、それだけでステータス(注7)を表示する室内装飾のひとつの要素だったのである。クッションを使うこと、つまり身体に快適さを与えること自体が政治的特権であった。オランダ語で「クッションに座る」といえば、高い官職を保持することを意味したといわれるが、この換喩法《メトニミー》(注8)が成立すること自体、いかにクッションの使用が階層性と結びついていたかを物語っている。たしかに王や女王、貴族たちを描いた絵画や版画を調べていくと、さまざまな意匠のクッションがその豊富なヴォリュームと色彩を(ウ)コジするように使われているのである。

5 こうして別々に作られ、使うときに一緒にされていた椅子とクッションが一六世紀から一七世紀にかけてひとつになりはじめた。この結びつけの技術は一七世紀のあいだに著しく発達する。(注9)最初は木の座や背の上に塡め物を素朴にとりつけることからはじまったが、椅子張り職人(アプホルストラー——実際にはテキスタイル全般をあつかった職人)の技術の向上とともに、布や革で蔽われた座や背はほとんど今日のものにミ(エ)オトりしないほどに進んだ。こうした塡め物《アプホルスター》は、たんにクッションを椅子に合体させただけではなかった。それまで硬かった椅子そのもののイメージを軟らかくしてしまったことが、椅子についての概念を決定的に変え、近代の方向に椅子を押しやるきっかけになったのである。エリック・マーサー(注10)も指摘するように椅子の近代化は形態からではなく、装飾の消去からでもなく、身体への配慮、あらたに見出された快楽を志向する身体による椅子の再構成からはじまったのであった。

6 だが、近代人ならばすぐに機能化と呼んでしまいそうな椅子を成立させた思考も技術も、一七世紀にあっては限られた身分の人間なればこそ生じた身体への配慮のなかに形成されたのである。つまり傾いた背をもつ椅子も、塡め物で軟らかくなった椅子も、それ自体をいま見る限りでは「身体」との関係で説明し切れるように思えるが、さらに視野をひろげて階層社会をみれば、「もの」はほんらい社会的な関係——ここでは宮廷社会——にとりまかれ、身分に結びつく政治学をひそかにもっていたのである。むしろ「もの」を機能的にだけ理解することはすでに一種の抽象である。私たちが普通、この時代の家具とみなしているものは、実は支配階級の使用するものであり、一六世紀頃からは版画による意匠集の出版、「人形の家」という玩具でもあれば一種の商品見本でもあるものによって、新しい意匠の伝播《でんぱ》が生じるが、それは国境を越えて他の国の宮廷、小宮廷貴族、大ブルジョワジー(注11)には伝わっても、同じ国の下層へひろまることはなかった。私たちはあらためて「身体」という概念が、自然の肉体ではなく、普遍的な哲学の概念でもなく、文化の産物であり、ここまで「生理的配慮」とよんできたものも、宮廷社会のなかで生じた新しい感情やそれに伴う新しい振舞方《ふるまいかた》と切り離せない文化的価値だったことに気がつくのである。その時代に哲学ではスピノザ(注12)をのぞけば「身体」の不思議さに謎を感じているものはなかったのである。

7　生理的快適さに触れたとき、椅子に影響する身体を「血の流れる袋」とか「筋肉と骨からなる身体機械」とか、解剖学的肉体にもとづくイメージであるかのように語ったが、**B** 実際に椅子に掛けるのは「裸の身体」ではなく「着物をまとった身体」なのである。衣装は一面では仮面と同じく社会的な記号としてパフォーマンスの一部である。同時に、実際にかさのある身体として椅子の形態に直接の影響をあたえていた。一六世紀には婦人たちは鯨骨を用いてひろがったスカート（ファージンゲール）で座るために、「背」はあるが腕木はないバック・ストゥールや、ズガベルロ（イタリアの椅子のタイプ）がうまれたし、一八世紀のフォートゥイユ（安楽椅子）の腕木がずっと後方にさげられるのも、やはり婦人たちの膨らんだスカートのためであった。このように文化としての「身体」は、さまざまな意味において単純な自然的肉体ではないのである。もちろんこの衣装も本質的には宮廷社会という構図のなかに形成されるし、宮廷社会への帰属という、政治的な記号なのである。

8　やがてブルジョワジーが上昇し、支配の座につくとき、かれらはかつての支配階級、宮廷社会がうみだし、使用していた「もの」の文化を吸収するのである。ベンヤミン(注13)が「ルイ＝フィリップあるいは室内」で幻影として批評したブルジョワジーの家具、調度類は、この宮廷社会の「もの」の文化のケイ(オ)フに属していた。いいかえるならそっくりそのままではないが、ブルジョワジーは支配階級の所作のうちに形成された「身体」をひきついで、働く「身体」に結びつけ、充分に貴族的な色彩をもつブルジョワジー固有の「身体技法」(注14)をうみだしていたのである。**C**「身体」の仕組みはそれ自体、すでにひとつの、しかし複雑な政治過程を含んでいるのである。

（多木《たき》浩二《こうじ》『「もの」の詩学』による）

（注）
1 イノケンティウス一〇世の肖像――スペインの画家ベラスケスが描いた肖像画。わずかに後傾した椅子にモデルが座っている。
2 バロック――芸術様式の一つ。技巧や有機的な装飾を重視し、動的で迫力ある特色を示す。
3 『人間機械論』――フランスの哲学者ラ・メトリの著書。
4 キルティング――刺繡《ししゅう》の一種。二枚の布のあいだに綿や毛糸などを入れ、模様などを刺し縫いする。
5 クリスモス――古代ギリシャからローマ時代にかけて使われた椅子の一種。
6 長持ち――衣類や調度などを収納する、蓋付きの大きな箱。
7 ステータス――社会的地位。
8 換喩法《メトニミー》――あるものを表す際に、関係の深い別のもので置き換える表現技法。
9 テキスタイル――織物。布。
10 エリック・マーサー――イギリスの建築史家（一九一八―二〇〇一）。
11 ブルジョワジー――裕福な市民層。ブルジョアジー。
12 スピノザ――オランダの哲学者（一六三二―一六七七）。
13 ベンヤミン――ドイツの批評家（一八九二―一九四〇）。
14 「身体技法」――フランスの民族学者モースによる概念。人間は社会の中で身体の扱い方を習得することで、特定の文化に組み入れられるという考え方。

問1　傍線部(ア)～(オ)に相当する漢字を含むものを、次の各群の①～④のうちから、それぞれ一つずつ選べ。解答番号は 1 ～ 5 。

(ア)　イダかせ　1

① 複数の意味をホウガンする
② 卒業後のホウフ
③ 港にホウダイを築く
④ 交通量がホウワ状態になる

(イ)　センイ　2

① 現状をイジする
② アンイな道を選ぶ
③ キョウイ的な回復力
④ 条約にイキョする

(ウ)　コジ　3

① 偉人のカイコ録
② 液体のギョウコ
③ コチョウした表現
④ ココウの詩人

(エ)　ミオトリ　4

① 商品を棚にチンレツする
② モウレツに勉強する
③ 風船がハレツする
④ ヒレツな策を用いる

(オ)　ケイフ　5

① フゴウしない証言
② フメン通りの演奏
③ フリョの事故
④ 家族をフヨウする

**問２**　傍線部**Ａ**「もうひとつの生理的配慮も、背の後傾とどちらが早いともいえない時期に生じている。」とあるが、それはどういうことか。その説明として最も適当なものを、次の①～⑤のうちから一つ選べ。解答番号は［６］。

① 身体を横臥の状態に近づけて上体の筋肉を不断の緊張から解放する配慮が現れたのとほとんど同じ時期に、椅子にキャスターを付けて可動式とし、身体障害者や病人の移動を容易にするための配慮も現れたということ。

② 椅子の背を後傾させて上半身を支える筋肉の緊張をやわらげる配慮が現れたのとほとんど同じ時期に、椅子と一体化したクッションを用いて背や座面から受ける圧迫をやわらげる配慮も現れたということ。

③ 椅子の背を調整して一定の姿勢で座り続ける苦痛をやわらげる配慮が現れたのとほとんど同じ時期に、後傾した椅子の背にクッションを取り付けることによって体重による圧迫を軽減する配慮も現れたということ。

④ 椅子の背を後ろに傾けて上体の筋肉の緊張を低減しようという配慮が現れたのとほとんど同じ時期に、エジプトやギリシャにおいてクッションを用いることで椅子の硬さを低減させる配慮も現れたということ。

⑤ 後傾させた椅子の背によって上半身の筋肉を緊張から解放する配慮が現れたのとほとんど同じ時期に、それ自体が可動式の家具のようにさえなったクッションを用いて椅子の硬さを緩和する配慮も現れたということ。

問3　傍線部B「実際に椅子に掛けるのは『裸の身体』ではなく『着物をまとった身体』なのである」とあるが、それはどういうことか。その説明として最も適当なものを、次の①～⑤のうちから一つ選べ。解答番号は 7 。

① 宮廷社会の家具の意匠が国境と身分を越えて行き渡ったということは、身体に配慮する政治学の普遍性を示すものであり、人々が椅子に座るときの服装やふるまいといった社会的な記号の由来もここから説明できるということ。

② 貴婦人の椅子が彼女たちの衣装やふるまいに合わせてデザインされていたように、椅子の用い方には生理的な快適さの追求という説明だけでは理解できない文化的な記号としての側面もあったということ。

③ 座るのは自然的肉体であっても、服装のヴォリュームも考慮に入れた機能的な椅子が求められており、宮廷社会では貴族の服飾文化に合わせた形態の椅子がこれまでとは異なる解剖学的な記号として登場したということ。

④ 宮廷社会の椅子には、貴族たちが自分の身体に向けていた生理的な快適さへの関心を、機能性には直結しない服飾文化に振り向けることで仮面のように覆い隠そうとする政治的な記号としての役割があったということ。

⑤ 椅子と実際に接触するのは生身の身体よりも衣服であるから、貴婦人の衣装やパフォーマンスを引き立たせるために、生理的な快適さを手放してでも、社会的な記号としての華美な椅子が重視されたということ。

問４　傍線部Ｃ「『身体』の仕組みはそれ自体、すでにひとつの、しかし複雑な政治過程を含んでいるのである。」とあるが、それはどういうことか。その説明として最も適当なものを、次の①～⑤のうちから一つ選べ。解答番号は［８］。

①　ブルジョワジーはかつて労働者向けの簡素な「もの」を用いていたが、支配階級に取って代わったとき、彼らの「身体」は「もの」に実用的な機能ではなく、貴族的な装飾や快楽を求めるようになった。このように、本質的には人間の「身体」は、新しい「もの」の獲得によって新たな感覚や好みを備えて次々と変容していくものだということ。

②　ブルジョワジーは働く「身体」という固有の特徴を受け皿にして、かつての支配階級が所有していた家具や調度類といった「もの」を受け継ぎ、それを宮廷社会への帰属の印として掲げていった。このように、「身体」と「もの」の文化は部分的に支配階級の権威の影響を受けており、相互に影響し合って単純に固有性が見いだせるものではないということ。

③　ブルジョワジーがかつての支配階級に取って代わったという変革は単なる権力の奪取ではなく、貴族に固有の「もの」や「身体」で構成された宮廷文化を解消していくという側面も持っていた。このように、「身体」にかかわる文化は永続的なものではなく、新しい支配階級に合った形がそのつど生じるので予見できないということ。

④　ブルジョワジーがかつての支配階級の所作を受け継いだやり方はそっくりそのままではなく、貴族の社会における「もの」の用い方を、労働者の「身体」に適応させるような変化をともなっていた。このように、働く「身体」には「もの」の機能を追求し、それに応じて「もの」の形態を多様化させる潜在的な力があるということ。

⑤　ブルジョワジーは新しい支配階級となるにあたって貴族社会のすべてを拒否したわけではなく、彼らの働く「身体」に応じて、宮廷社会の「もの」に付随する所作や感覚を受け継いで再構成した。このように、人間の「身体」には、権力構造の変遷にともなうさまざまな社会的要素がからみ合い、新旧の文化が積み重なっているということ。

問5　この文章の構成と内容に関する説明として最も適当なものを、次の①～④のうちから一つ選べ。解答番号は［9］。

① ［1］段落では、本文での議論が最終的に生理学的問題として解決できるという見通しを示し、［2］～［5］段落では、支配階級の椅子を詳しく描写しながら［1］段落で触れた問題を解決するための過去の取り組みを説明している。

② ［5］段落は、椅子の座や背を軟らかくする技術が椅子についての概念を決定的に変えてしまったことを述べており、［6］段落以降でもこの変化が社会にもたらした意義についての議論を継続している。

③ ［6］段落と［7］段落では、生理学的な問題への配慮という角度から論じていたそれまでの議論を踏まえて、さらに「もの」の社会的あるいは政治的な記号という側面に目を向ける必要性を説いている。

④ ［8］段落は、新たな支配階級がかつての支配階級の「もの」の文化を吸収し、固有の「身体技法」を生み出したことを述べ、［5］段落までの「もの」の議論と［6］段落からの「身体」の議論の接続を行っている。

**問６** 次に示すのは、この文章を読んだ後に、教師の指示を受けて六人の生徒が意見を発表している場面である。本文の趣旨に**合致しないもの**を、次の①～⑥のうちから**二つ**選べ。ただし、解答の順序は問わない。解答番号は 10 ・ 11 。

教師――この文章では「もの」と「身体」との社会的関係について論じていましたね。本文で述べられていたことを、皆さんの知っている具体的な例にあてはめて考えてみましょう。

① 生徒A――快適さを求めて改良されてきた様々な家具が紹介されていましたが、家に関しても寒い地域では断熱性が高められる一方で、暑い地域では風通しが良いように作られています。私たちの「身体」がそれぞれの環境に適応して心地よく暮らしていくための工夫がいろいろ試みられ、近代的な家屋という「もの」の文化を生み出しています。

② 生徒B――身につける「もの」に複数の側面があるということは、スポーツで用いるユニホームについても言えると思います。競技の特性や選手の「身体」に合わせた機能性を重視し、そろいのデザインによって所属チームを明らかにすることはもちろんですが、同じ「もの」をファンが着て一体感を生み出す記号としての役割も大きいはずです。

③ 生徒C――「身体」という概念は文化の産物だと述べられていますが、私たちが箸を使うときのことを思い出しました。二本の棒という「もの」を用いて食事をするわけですが、単に料理を口に運べればよいのではなく、その扱い方には様々な「身体」的決まり事があって、それは文化によって規定されているのだと思います。

④ 生徒D――「身体」がまとう衣装は社会的な記号であるということでしたが、明治時代の鹿鳴館《ろくめいかん》では当時の上流階級が華やかな洋装で交流していたそうです。その姿は単なる服装という「もの」の変化にとどまらず、西洋の貴族やブルジョワジーの「身体」にまつわる文化的な価値を日本が取り入れようとしたことを示しているのではないでしょうか。

⑤　生徒E――支配階級の交代にともなって「身体」のありようが変容するとありましたが、現代ではスマートフォンの登場によって、娯楽だけでなく勉強の仕方も大きく変わってきています。このような新しい「もの」がそれを用いる世代の感覚やふるまいを変え、さらには社会の仕組みも刷新していくことになるのではないでしょうか。

⑥　生徒F――椅子や衣装にともなう所作のもつ意味に関連して、私たちが身につける「もの」の中でも、帽子には日射しを避けるという機能とは別の「身体」のふるまいにかかわる記号としての側面もあるのではないでしょうか。「脱帽」という行為は相手への敬意を表しますし、帽子を脱いだ方がふさわしい場もあると思います。

〔二〇二一年度本試験第2日程第1問〕

# 演習問題2 解答解説

## 解答

問1 (ア)=② (イ)=① (ウ)=③ (エ)=④ (オ)=②（10点・各2点） 問2 ②（8点） 問3 ②（8点）

問4 ⑤（8点） 問5 ③（6点） 問6 ①-⑤（10点・各5点）

（注）-（ハイフン）でつながれた正解は、順序を問わない。

## 出典

多木浩二『「もの」の詩学―家具、建築、都市のレトリック』〈第一章 「もの」と身体 二 椅子の変貌 2 椅子の近代化〉（岩波現代文庫）

多木浩二（一九二八〜二〇一一年）は美術・写真・建築評論家。兵庫県出身。東京大学文学部美学美術史学科卒業。東京造形大学教授、千葉大学教授を経て評論家となる。著書に『ベンヤミン「複製技術時代の芸術作品」精読』『生きられた家』『天皇の肖像』『写真論集成』『眼の隠喩』などがある。『「もの」の詩学―家具、建築、都市のレトリック』は一九八四年に岩波書店より『「もの」の詩学―ルイ十四世からヒトラーまで』として刊行され、副題を改題し、構成を修正して二〇〇六年に改めて刊行された。

## 段落要旨

本文は八段落から成る。これを四つの部分に分けて内容をまとめよう。

**1**

**椅子の生理学的問題**　1段落　※問５・問６

西欧での椅子の座法には、椅子の硬さが身体を圧迫して血行を阻害すること、また上体を支えるために筋肉を緊張させて苦痛をもたらすことという**二つの生理学的な問題**があった。

**2**

**椅子の再構成**　2〜5段落　※問２・問５・問６

生理的な身体への配慮から、一七世紀に椅子の背が後ろに傾きはじめると同時に、古代から使われていたクッションが椅子と合体した。こうして**椅子の近代化**は、快楽を志向する**身体による椅子の再構成**からはじまった。

**3**

**文化としての「身体」**　6・7段落　※問３・問５・問６

椅子の背の後傾もクッションとの合体も一七世紀の宮廷社会と切り離すことはできず、身分に結びつく政治学をもっていた。そして「身体」もまた自然の肉体ではなく、**宮廷社会における文化的価値**だった。実際に椅子に掛けるのは「裸の身体」ではなく「着物をまとった身体」なのであり、**文化としての「身体」**であった。

**4**

**ブルジョワジーの身体技法**　8段落　※問４・問５・問６

やがて台頭したブルジョワジーは、かつての支配階級、宮廷社会が使用していた「もの」の文化を吸収し、彼らの所作のうちに形成されていた、貴族的な色彩をもつ「身体」を**引き継いで、働く「身体」に結びつけた**。

## 語　句

**換喩法**＝本文では高い官職にある人はクッションに座ることから、〈クッション〉がそのような人をたとえる換喩になる。このような比喩の例として、「スピード違反で**パトカー**に捕まった。〈警察官の乗り物である〈パトカー〉が換喩）」「昨日久しぶりに**メガネ**に会った。（メガネをかけた友人の付属物である〈メガネ〉が換喩）」などがあげられる。

## 解説

### 問１　標準　[1]～[5]　正解は　(ア)＝②　(イ)＝①　(ウ)＝③　(エ)＝④　(オ)＝②

(ア)「抱かせ」　①包含　②抱負　③砲台　④飽和
(イ)「繊維」　①維持　②安易　③驚異　④依拠
(ウ)「誇示」　①回顧　②凝固　③誇張　④孤高
(エ)「見劣り」　①陳列　②猛烈　③破裂　④卑劣
(オ)「系譜」　①符合　②譜面　③不慮　④扶養

### 問２　標準　[6]　正解は②

**傍線部の内容**を問う設問。**段落要旨**で確認したように、[1]段落で椅子の生理学的問題点が二つ指摘され、[2]～[5]段落で一七世紀に、身体的配慮すなわち生理的な配慮から椅子の改良が二点施されたことが説明される。すなわち①**背の後傾**および②**椅子とクッションの合体**である。傍線部の「もうひとつの生理的配慮」が②**椅子とクッションの合体**で、「背の後傾」が①の生理的配慮である。もう少し具体的にみれば、①の配慮ではリクライニング・チェアやキャスターを取り付けた車椅子やスリーピング・チェアの発明に至ったことが説明される（[2]・[3]段落）。また②の配慮では、もともと古代からクッションが使われていたこと、クッションの使用が政治的特権であったこと、椅子とクッションの合体が起こったこと、そして椅子の概念が変わったことが説明される（[4]・[5]段落）。なお傍線部の「どちらが早いともいえない時期」とは、2段落に「一七世紀の椅子の背が後ろに傾きはじめた」とあり、5段落に「椅子とクッションが一六世紀から一七世紀にかけてひとつになりはじめた」とあるように、この「一七世紀」をいう。この時期という点が解答を導く際の一つのポイントになるので、見逃さないようにしよう。以上より傍線部を次のように説明できる。

**椅子とクッションの合体も背の後傾と同じく一七世紀に起こった**

選択肢は「もうひとつの生理的配慮」に着眼して、これを「椅子と一体化したクッション」として説明している②を選択すればよい。「筋肉の緊張」「圧迫」とあるのは1段落の内容をふまえる。

① 「もうひとつの生理的配慮」を、椅子にキャスターを付けて可動式としたことだと説明しており、不適。

③ 「椅子の背を調整して」だけでは背の後傾の説明として不十分である。またクッションを背にのみ取り付けていると説明しており、これも不適となる。クッションが古代から座面に取り付けられていたことは4段落の内容からわかる。

④・⑤ ④の「エジプトや……用いること」は古代、⑤の「それ自体が可動式の家具のようにさえなった」は中世のことであり（4段落）、どちらも椅子とクッションの一体化を説明していない。

## 問３　標準　7　正解は②

**傍線部の内容**を問う設問。6段落以下の内容を辿る。この段落が逆接の接続詞「だが」で始まる点に注意しよう。直前の5段落で、椅子の再構成（＝椅子の改良による、椅子のイメージの根本的な転換）が身体への配慮に基づいて始まったと述べられているが、これを否定する形で、その身体とは「限られた身分の人間」の身体であることが指摘され、**「もの」も「身体」も文化の産物**であり、**文化的価値と密接に結びついていた**と指摘される（6段落）。平たく言えば、椅子も座る人間も、宮廷社会の内部のみに関わる話であったということである。筆者は「もの」をそれ自体の機能すなわち何の役に立つかだけで評価したり（あるいは価格で「もの」を評価することも付け加えてよいだろう。宮廷貴族はお金で物を評価したりはしない）、「身体」をその生理的側面からのみ考えたりするのは近代人の発想である点に注意を促している。以上の事柄を受けるのが傍線部である。すなわち「『裸の身体』」とは文字通りの意味ではなく、「解剖学的肉体」あるいは「単純な自然的肉体」（いずれも7段落）であり、貴族か平民かの区別なく平等に持っている**生物としての身体**である。また「『着物をまとった身体』」とあるのも、たんに寒さをしのぎ他人の目から隠すための衣服をまとった身体という意味ではなく、**文化の産物としての身体**、すなわち**社会的な身分と結びついた身体**、あるいは**社会的身分を読み取らせる身体**をいう。この身体がまとう「衣装」について、傍線部の直後では「社会的な記号としてパフォーマンスの一部である」と説明され、さらに同段落終わりで「政治的な記号なのである」と説明される。以上より傍線部を次のように説明できる。

**椅子に座るのはただの生物的な身体ではなく、社会的身分を表す記号としての身体である**

選択肢は傍線部直後の「社会的な記号として」に着眼して、「文化的な記号としての側面」とある②と、「政治的な記号としての役割」とある④、「社会的な記号として」とある⑤に絞り、「生理的な快適さの追求という説明だけでは理解できない」を決め手に②を選択すればよい。「貴婦人の椅子が……デザインされていた」とあるのは7段落の「バック・ストゥール」や「ズガベルロ」などの例をふまえている。

①「身体に配慮する政治学の普遍性」とあるが、6段落では「身体」は「普遍的な哲学の概念でもなく、文化の産物」、すなわちある社会や時代に特徴的な文化の産物であると述べられている。また「社会的な記号の由来」とあるのも「社会的な記号として」とは意味がずれている。

③「機能的な椅子」が不適。本文で「機能的」は6段落に「すぐに機能化と呼んでしまいそうな」「機能的にだけ理解する」とあるように、近代的な見方を示すものとして使われている。「解剖学的な記号」も7段落の趣旨からみれば矛盾した表現となる。

④「生理的な快適さへの関心」を「覆い隠そうとする」ことが「政治的な記号」であると説明しており不適。本文では、「政治的な記号」は社会的な身分を表すという意味で用いられている。

⑤「椅子と実際に接触するのは生身の身体よりも衣服である」が不適。傍線部を文字通りの意味に受け取っている。また「生理的な快適さを手放してでも」とは書かれていない。4段落には「身体に快適さを与えること自体が政治的特権であった」とある。

## 問4　やや難　8　正解は⑤

**傍線部の内容**を問う設問。8段落では、ブルジョワジーすなわち資本家階級が宮廷貴族に代わって支配階級となった際、宮廷貴族が愛好した家具や調度類をはじめとする**「もの」の文化を吸収した**こと、および彼らが身につけていた所作や態度、衣装などの**「身体」に関わる文化を引き継ぎ**、「働く『身体』」と結びつけて**ブルジョワジー固有の「身体技法」を生み出した**ことが説明される。「働く『身体』」とは生産活動や商業活動を行うブルジョワジーとして身につけた所作や行動様式をいうと思われるが、彼らは宮廷貴族の「身体」文化も引き継ぎながら独自の「身体」文化を創り出したと筆者は考えている。説明が概略的で言い回しが抽象的なため、ややわかりにくい。そこで、宮廷や貴族の館で燕尾服を着て舞踏会に興じたり、お抱えの音楽家たちの演奏に耳を傾けたりといった宮廷貴族の「身体」文化を受け継いで、現代人がビジネススーツに身を固めながらクラシック・コンサートに出かける、といった例を考えると多少はイメージしやすいかもしれない。傍線部は以上の内容のまとめとなる。「『身体』の仕組み」とは**文化的に作り上げられる「身体」の構造**ということ。また「複雑な政治過程」とは、宮廷貴族の「身体」文化を受け継ぎつつ、ブルジョワジー固有の「身体」文化を創り出す過程をいう。

選択肢は文末に着眼する。「複雑な政治過程」＝**貴族階級の「身体」を引き継いで、ブルジョワジー固有の「身体」を**

生み出す、と理解すれば、「新旧の文化が積み重なっている」とある⑤が正解とわかる。「彼らの働く『身体』に……再構成した」とあるのは傍線部直前の内容をふまえる。「権力構造の変遷」とは支配階級が貴族からブルジョワジーに取って代わったことをいう。

①「ブルジョワジーはかつて労働者向けの簡素な『もの』を用いていた」とは書かれていない。本文で労働者のことには触れられていない。「彼らの『身体』は……求めるようになった」とも書かれていない。したがって「新しい『もの』の獲得によって」以下の説明も誤りとなる。

②「宮廷社会への帰属の印として掲げていった」が不適。書かれていない。「相互に」も不適。ブルジョワジーが宮廷貴族の文化の影響を受けたのは確かだが、その逆、すなわち宮廷貴族（没落貴族）がブルジョワジーの文化の影響を受けたとは書かれていない。

③「解消していく」が不適。「ひきついで」（傍線部前文）に矛盾する。よって「新しい支配階級に合った形がそのつど生じる」も不適となる。

④「労働者の『身体』に適応させるような変化をともなっていた」とは書かれていない。「働く『身体』には『もの』の機能を追求し」以下についても、本文の内容からはずれている。

## 問5　標準　9　正解は③　文章全体

本文の構成と内容を問う設問。消去法で解く。

①不適。1段落で「本文での議論が最終的に生理学的問題として解決できるという見通し」は示されていない。また6段落以下、「もの」や「身体」が文化の産物であるという内容へと転換していく。

②不適。右に見たように「6段落以降でも……継続している」わけではない。

③適当。6・7段落では「もの」も「身体」も「文化の産物」であり、「社会的な記号」「政治的な記号」であることが強調されている。

④不適。本文は、「もの」の議論と「身体」の議論を分けて論じられているわけではなく、全体を通じて「もの」（特に椅子）と「身体」との密接な関わりを前提にして議論が進められている。

## 問６　やや難　10・11　正解は①・⑤　文章全体　言語活動

**本文の趣旨と具体例**を問う新傾向の設問。教師の指示を受けて生徒たちが各自の意見を述べるという形式をとる。ディベート形式とは異なるので、選択肢それぞれの適否だけを判断すればよい。消去法で解く。選択するのは「本文の趣旨に**合致しないもの**」である。

①不適。本文では**「もの」と「身体」との社会的関係**という観点から、「身体」の快適さに合わせて椅子が改良されたことが例として挙げられている。家の構造も身体への配慮に基づいているとも言えるが、「それぞれの環境に適応して」とあるように、「環境」という、本文では触れられていない別の要素が取り入れられている。

②適当。「複数の側面」とは「もの」がもつ機能性と記号性をいう。機能的に作られたユニホームが所属チームを表す記号としても、またファンの一体感を生み出す記号としても働くと述べている。ただ本文では「政治的な記号」（7段落）という意味合いが強く出ており、それゆえにこの選択肢を誤りと判断した受験生がいるかもしれない。

③適当。箸の使い方も「文化の産物」であり、身体技法の一つであるという趣旨である。ただ「文化の産物」に関して、本文では「宮廷社会のなかで生じた……文化的価値だった」（6段落）とあるように、身分制度と関わる特殊な社会（宮廷社会）における「文化の産物」がテーマとなっており、やや微妙な感があったかもしれない。

④適当。鹿鳴館に集う上流階級の洋装は、西洋貴族の「身体」にまつわる文化的な価値を取り入れたものだという趣

旨である。ただ「西洋の貴族やブルジョワジー」と併記すると、両者の「『身体』にまつわる文化的な価値」の違いを説明した8段落の趣旨との適否が微妙ではある。

⑤不適。スマートフォンがそれを用いる世代の身体技法を変え、社会をも刷新しているという趣旨である。本文では支配階級の交代に伴う身体技法の変化が論じられ、この選択肢では世代の交代による身体技法の変化が指摘されている。よって論旨がずれている。

⑥適当。帽子が日射しを避けるという機能を果たすと同時に、屋内では帽子を脱ぐという行為が社会的な記号となることを指摘したものである。ステータスシンボルと言えるシルクハットなどを例に挙げてもよいだろう。

# 演習問題3

**問題**　次の【資料Ⅰ】は、【資料Ⅱ】と【文章】を参考に作成しているポスターである。【資料Ⅱ】は著作権法（二〇一六年改正）の条文の一部であり、【文章】は名《な》和《わ》小《こ》太郎《たろう》の『著作権2．0　ウェブ時代の文化発展をめざして』（二〇一〇年）の一部である。これらを読んで、後の問い（問1～6）に答えよ。なお、設問の都合で【文章】の本文の段落に1～18の番号を付し、表記を一部改めている。（配点　50）

≫ 目標時間　20分

【資料Ⅰ】

## 著作権のイロハ

**著作物とは**（「著作権法」第二条の一より）

☑「思想または感情」を表現したもの
☑思想または感情を「創作的」に表現したもの
☑思想または感情を「表現」したもの
☑「文芸、学術、美術、音楽の範囲」に属するもの

**著作物の例**

| 言語 | 音楽 |
|---|---|
| ・小説<br>・脚本<br>・講演　等 | ・楽曲<br>・楽曲を伴う歌詞　等 |

| 舞踏・無言劇 | 美術 | 地図・図形 |
|---|---|---|
| ・ダンス<br>・日本舞踊<br>・振り付け　等 | ・絵画<br>・版画<br>・彫刻　等 | ・学術的な図面<br>・図表<br>・立体図　等 |

**著作権の例外規定**（権利者の了解を得ずに著作物を利用できる）

〈例〉市民楽団が市民ホールで行う演奏会

【例外となるための条件】

| |
|---|
| a |

**【資料Ⅱ】**

**「著作権法」(抄)**

（目的）
第一条　この法律は、著作物並びに実演、レコード、放送及び有線放送に関し著作者の権利及びこれに隣接する権利を定め、これらの文化的所産の公正な利用に留意しつつ、著作者等の権利の保護を図り、もつて文化の発展に寄与することを目的とする。

（定義）
第二条　この法律において、次の各号に掲げる用語の意義は、当該各号に定めるところによる。
一　著作物　思想又は感情を創作的に表現したものであつて、文芸、学術、美術又は音楽の範囲に属するものをいう。
二　著作者　著作物を創作する者をいう。
三　実演　著作物を、演劇的に演じ、舞い、演奏し、歌い、口演し、朗詠し、又はその他の方法により演ずること(これらに類する行為で、著作物を演じないが芸能的な性質を有するものを含む。)をいう。

（技術の開発又は実用化のための試験の用に供するための利用）
第三十条の四　公表された著作物は、著作物の録音、録画その他の利用に係る技術の開発又は実用化のための試験の用に供する場合には、その必要と認められる限度において、利用することができる。

（営利を目的としない上演等）
第三十八条　公表された著作物は、営利を目的とせず、かつ、聴衆又は観衆から料金(いずれの名義をもつてするかを問わず、著作物の提供又は提示につき受ける対価をいう。以下この条において同じ。)を受けない場合には、公に上演し、演奏し、上映し、又は口述することができる。ただし、当該上演、演奏、上映又は口述について実演家又は口述を行う者に対し報酬が支払われる場合は、この限りでない。

（時事の事件の報道のための利用）
第四十一条　写真、映画、放送その他の方法によつて時事の事件を報道する場合には、当該事件を構成し、又は当該事件の過程において見られ、若しくは聞かれる著作物は、報道の目的上正当な範囲内において、複製し、及び当該事件の報道に伴つて利用することができる。

**【文章】**

1 著作者は最初の作品を何らかの実体——記録メディア——に載せて発表する。その実体は紙であったり、カンバスであったり、空気振動であったり、光ディスクであったりする。この最初の作品をそれが載せられた実体とともに「原作品」——オリジナル——と呼ぶ。

| キーワード | 排除されるもの |
|---|---|
| 思想または感情 | 外界にあるもの（事実、法則など） |
| 創作的 | ありふれたもの |
| 表現 | 発見、着想 |
| 文芸、学術、美術、音楽の範囲 | 実用のもの |

**表1**　著作物の定義

2 著作権法は、じつは、この原作品のなかに存在するエッセンスを引き出して「著作物」と定義していることになる。そのエッセンスとは何か。**A**記録メディアから剝がされた記号列になる。著作権が対象とするものは原作品ではなく、この記号列としての著作物である。

3 論理的には、著作権法のコントロール対象は著作物である。しかし、そのコントロールは著作物という概念を介して物理的な実体——複製物など——へと及ぶのである。現実の作品は、物理的には、あるいは消失し、あるいは拡散してしまう。だが著作権法は、著作物を頑丈な概念として扱う。

4 もうひと言。著作物は、かりに原作品が壊されても盗まれても、保護期間内であれば、そのまま存続する。また、破れた書籍のなかにも、音程を外した歌唱のなかにも、存在する。現代のプラトニズム、とも言える。

5 著作物は、多様な姿、形をしている。繰り返せば、テキストに限っても——そして保護期間について眼をつむれば——それは神話、叙事詩、叙情詩、法典、教典、小説、哲学書、歴史書、新聞記事、理工系論文に及ぶ。いっぽう、表1の定義にガッ(ア)チするものを上記の例示から拾うと、もっとも(イ)テキゴウするものは叙情詩、逆に、定義になじみにくいものが理工系論文、あるいは新聞記事ということになる。理工系論文、新聞記事には、表1から排除される要素を多く含んでいる。

6 ということで、著作権法にいう著作物の定義は叙情詩をモデルにしたものであり、したがって、著作権の扱いについても、その侵害の有無を含めて、この叙情詩モデルを通しているのである。それはテキストにとどまらない。地図であっても、伽藍《がらん》であっても、ラップであっても、プログラムであっても、それを叙情詩として扱うのである。

| | 叙情詩型 | 理工系論文型 |
|---|---|---|
| 何が特色 | 表現 | 着想、論理、事実 |
| 誰が記述 | 私 | 誰でも |
| どんな記述法 | 主観的 | 客観的 |
| どんな対象 | 一回的 | 普遍的 |
| 他テキストとの関係 | なし(自立的) | 累積的 |
| 誰の価値 | 自分 | 万人 |

**表2** テキストの型

7 だが、ここには無方式主義(注1)という原則がある。このために、著作権法は叙情詩モデルを尺度として使えば排除されてしまうようなものまで、著作物として認めてしまうことになる。

8 叙情詩モデルについて続ける。このモデルの意味を確かめるために、その特性を表2として示そう。比較のために叙情詩の対極にあると見られる理工系論文の特性も並べておく。

9 B 表2は、具体的な著作物——テキスト——について、表1を再構成したものである。ここに見るように、叙情詩型のテキストの特徴は、「私」が「自分」の価値として「一回的」な対象を「主観的」に「表現」として示したものとなる。逆に、理工系論文の特徴は、「誰」かが「万人」の価値として「普遍的」な対象について「客観的」に「着想」や「論理」や「事実」を示すものとなる。

10 話がくどくなるが続ける。二人の詩人が(注2)「太郎を眠らせ、太郎の屋根に雪ふりつむ。」というテキストを同時にべつべつに発表することは、確率的に見てほとんどゼロである。このように、叙情詩型のテキストであれば、表現の希少性は高く、したがってその著作物性——著作権の濃さ——は高い。

11 いっぽう、誰が解読しても、特定の生物種の特定の染色体の特定の遺伝子に対するDNA配列は同じ表現になる。こちらの著作物性は低く、したがって著作権法のコントロール領域の外へはじき出されてしまう。その記号列にどれほど研究者のアイデンティティが凝縮していようと、どれほどコストや時間が投入されていようと、どれほどの財産的な価値があろうとも、である。じつは、この型のテキストの価値は内容にある。その内容とはテキストの示す着想、論理、事実、さらにアルゴリズム(注3)、発見などに及ぶ。

12 多くのテキスト——たとえば哲学書、未来予測シナリオ、歴史小説——は叙情詩と理工系論文とをリョウ(ウ)タンとするスペクトル(注4)のうえにある。その著作物性については、そのスペクトル上の位置を参照すれば、およその見当はつけることができる。

13 表2から、どんなテキストであっても、「表現」と「内容」とを二重にもっている、という理解を導くこともできる。それはフェルディナン・ド・ソシュール(注5)の言う「記号表現」と「記号内容」に相当する。叙情詩尺度は、つまり著作権法は、このうち前者に注目し、この表現のもつ価値の程度によって、その記号列が著作物であるのか否かを判断するものである。ここに見られる表現の抽出と内容の排除とを、法学の専門家は「表現／内容の二分法」と言う。

14 いま価値というあいまいな言葉を使ったが、およそ何であれ、「ありふれた表現」でなければ、つまり希少性があれば、それには価値が生じる。著作権法は、テキストの表現の希少性に注目し、それが際立っているものほど、そのテキストは濃い著作権をもつ、逆であれば薄い著作権をもつと判断するのである。この二分法は著作権訴訟においてよく言及される。争いの対象になった著作物の特性がより叙情詩型なのか、そうではなくてより理工系論文型なのか、この判断によって侵害のありなしを決めることになる。

15 著作物に対する操作には、著作権に関係するものと、そうではないものとがある。前者を著作権の「利用」と言う。そのなかには多様な手段があり、これをまとめると表3となる。「コピーライト」という言葉は、この操作をすべてコピーとみなすものである。その「コピー」は日常語より多義的である。

16 表3に示した以外の著作物に対する操作を著作物の「使用」と呼ぶ。この使用に対して著作権法ははたらかない。何が「利用」

で何が「使用」か。その判断基準は明らかでない。

17　著作物の使用のなかには、たとえば、書物のエツ(エ)ラン、建築への居住、プログラムの実行などが含まれる。したがって、海賊版の出版は著作権に触れるが、海賊版の読書に著作権は関知しない。じつは、利用や使用の事前の操作として著作物へのアクセスという操作がある。これも著作権とは関係がない。

18　このように、著作権法は「利用／使用の二分法」も設けている。この二分法がないと、著作物の使用、著作物へのアクセスまでも著作権法がコントロールすることとなる。このときコントロールはカ(オ)ジョウとなり、正常な社会生活までも抑圧してしまう。たとえば、読書のつど、居住のつど、計算のつど、その人は著作者に許可を求めなければならない。ただし、現実には利用と使用との区別が困難な場合もある。

<table>
<tr><th colspan="2">著作物<br>利用目的</th><th>固定型</th><th>散逸型</th><th>増殖型</th></tr>
<tr><td colspan="2">そのまま</td><td>展示</td><td>上映、演奏</td><td>――――</td></tr>
<tr><td colspan="2">複製</td><td>フォトコピー</td><td>録音、録画</td><td>デジタル化</td></tr>
<tr><td colspan="2">移転</td><td>譲渡、貸与</td><td colspan="2">放送、送信、ファイル交換</td></tr>
<tr><td rowspan="2">二次的利用</td><td>変形</td><td colspan="3">翻訳、編曲、脚色、映画化、パロディ化<br>リバース・エンジニアリング（注６）</td></tr>
<tr><td>組込み</td><td colspan="3">編集、データベース化</td></tr>
</table>

**表３**　著作物の利用行為（例示）

（注）
1　無方式主義――著作物の誕生とともに著作権も発生するという考え方。
2　「太郎を眠らせ、太郎の屋根に雪ふりつむ。」――三好達治「雪」の一節。
3　アルゴリズム――問題を解決する定型的な手法・技法や演算手続きを指示する規則。
4　スペクトル――多様なものをある観点に基づいて規則的に配列したもの。
5　フェルディナン・ド・ソシュール――スイス生まれの言語学者（一八五七～一九一三）。
6　リバース・エンジニアリング――一般の製造手順とは逆に、完成品を分解・分析してその仕組み、構造、性能を調べ、新製品に取り入れる手法。

**問1** 傍線部(ア)～(オ)に相当する漢字を含むものを、次の各群の①～⑤のうちから、それぞれ一つずつ選べ。解答番号は 1 ～ 5 。

(ア) ガッチする 1
① チメイ的な失敗
② 火災ホウチ器
③ チセツな表現
④ チミツな頭脳
⑤ 再考のヨチがある

(イ) テキゴウする 2
① プロにヒッテキする実力
② テキドに運動する
③ 窓にスイテキがつく
④ ケイテキを鳴らす
⑤ 脱税をテキハツする

(ウ) リョウタン 3
① タンセイして育てる
② 負傷者をタンカで運ぶ
③ 経営がハタンする
④ ラクタンする
⑤ タンテキに示す

(エ) エツラン 4
① 橋のランカンにもたれる
② シュツランの誉れ
③ ランセの英雄
④ イチランに供する
⑤ 事態はルイランの危うきにある

(オ) カジョウ 5
① ジョウヨ金
② ジョウチョウな文章
③ 米からジョウゾウする製法
④ 金庫のセジョウ
⑤ 家庭のジョウビ薬

問2　傍線部A「記録メディアから剝がされた記号列」とあるが、それはどういうものか。【資料Ⅱ】を踏まえて考えられる例として最も適当なものを、次の①～⑤のうちから一つ選べ。解答番号は 6 。

① 実演、レコード、放送及び有線放送に関するすべての文化的所産。
② 小説家が執筆した手書きの原稿を活字で印刷した文芸雑誌。
③ 画家が制作した、消失したり散逸したりしていない美術品。
④ 作曲家が音楽作品を通じて創作的に表現した思想や感情。
⑤ 著作権法ではコントロールできないオリジナルな舞踏や歌唱。

問３　【文章】における著作権に関する説明として最も適当なものを、次の①～⑤のうちから一つ選べ。解答番号は 7 。

① 著作権に関わる著作物の操作の一つに「利用」があり、著作者の了解を得ることなく行うことができる。音楽の場合は、そのまま演奏すること、録音などの複製をすること、編曲することなどがそれにあたる。

② 著作権法がコントロールする著作物は、叙情詩モデルによって定義づけられるテキストである。したがって、叙情詩、教典、小説、歴史書などがこれにあたり、新聞記事や理工系論文は除外される。

③ 多くのテキストは叙情詩型と理工系論文型に分類することが可能である。この「二分法」の考え方に立つことで、著作権訴訟においては、著作権の侵害の問題について明確な判断を下すことができている。

④ 著作権について考える際には、「著作物性」という考え方が必要である。なぜなら、遺伝子のＤＮＡ配列のように表現の希少性が低いものも著作権法によって保護できるからである。

⑤ 著作物にあたるどのようなテキストも、「表現」と「内容」を二重にもつ。著作権法は、内容を排除して表現を抽出し、その表現がもつ価値の程度によって著作物にあたるかどうかを判断している。

問4　傍線部B「表2は、具体的な著作物――テキスト――について、表1を再構成したものである。」とあるが、その説明として最も適当なものを、次の①～⑤のうちから一つ選べ。解答番号は［8］。

①　「キーワード」と「排除されるもの」とを対比的にまとめて整理する**表1**に対し、**表2**では、「テキストの型」の観点から**表1**の「排除されるもの」の定義をより明確にしている。

②　「キーワード」と「排除されるもの」の二つの特性を含むものを著作物とする**表1**に対し、**表2**では、叙情詩型と理工系論文型とを対極とするテキストの特性によって著作物性を定義している。

③　「キーワード」や「排除されるもの」の観点で著作物の多様な類型を網羅する**表1**に対し、**表2**では、著作物となる「テキストの型」の詳細を整理して説明をしている。

④　叙情詩モデルの特徴と著作物から排除されるものとを整理している**表1**に対し、**表2**では、叙情詩型と理工系論文型の特性の違いを比べながら、著作物性の濃淡を説明している。

⑤　「排除されるもの」を示して著作物の範囲を定義づける**表1**に対し、**表2**では、叙情詩型と理工系論文型との類似性を明らかにして、著作物と定義されるものの特質を示している。

問５　**【文章】**の表現に関する説明として**適当でないもの**を、次の①～⑤のうちから一つ選べ。解答番号は 9 。

① 第１段落第一文と第３段落第二文で用いられている「――」は、直前の語句である「何らかの実体」や「物理的な実体」を強調し、筆者の主張に注釈を加える働きをもっている。

② 第４段落第一文「もうひと言。」、第10段落第一文「話がくどくなるが続ける。」は、読者を意識した親しみやすい口語的な表現になっており、文章内容のよりいっそうの理解を促す工夫がなされている。

③ 第４段落第四文「現代のプラトニズム、とも言える」、第13段落第二文「フェルディナン・ド・ソシュールの言う『記号表現』と『記号内容』に相当する」という表現では、哲学や言語学の概念を援用して自分の考えが展開されている。

④ 第５段落第二文「叙情詩」や「理工系論文」、第13段落第一文「表現」と「内容」、第15段落第一文「著作権に関係するものと、そうではないもの」という表現では、それぞれの特質を明らかにするための事例が対比的に取り上げられている。

⑤ 第16段落第二文「はたらかない」、第四文「明らかでない」、第17段落第二文「関知しない」、第四文「関係がない」という否定表現は、著作権法の及ばない領域を明らかにし、その現実的な運用の複雑さを示唆している。

**問6**　**【資料Ⅰ】**の空欄 a に当てはまるものを、次の①～⑥のうちから三つ選べ。ただし、解答の順序は問わない。
解答番号は 10 ～ 12 。

①　原曲にアレンジを加えたパロディとして演奏すること
②　楽団の営利を目的としていない演奏会であること
③　誰でも容易に演奏することができる曲を用いること
④　観客から一切の料金を徴収しないこと
⑤　文化の発展を目的とした演奏会であること
⑥　演奏を行う楽団に報酬が支払われないこと

〔第2回プレテスト第2問〕

# 演習問題3

## 解答解説

### 解答

問1　(ア)＝①　(イ)＝②　(ウ)＝⑤　(エ)＝④　(オ)＝①（10点・各2点）　問2　④（6点）　問3　⑤（8点）
問4　④（9点）　問5　①（8点）　問6　②-④-⑥（9点・各3点）
（注）-（ハイフン）でつながれた正解は、順序を問わない。

### 主題資料の確認と分析

【資料Ⅰ】「著作権のイロハ」
問題の冒頭に、「【資料Ⅱ】と【文章】を参考に作成しているポスターである」と説明されている。著作物と著作権について、箇条書きでまとめられている。一番下が空欄となっており、問6でこの内容が問われることとなる。

【資料Ⅱ】「著作権法」（抄）
法律の条文が抜粋して示されている。設問を解くにあたって、必ず読まなくてはならない条文と、特に読まなくてもよい条文とが混在している。

### 出典

【文章】　名和小太郎『著作権2.0――ウェブ時代の文化発展をめざして』〈第4章　著作権法――「著作権法は著作物ではない」〉（NTT出版）

名和小太郎は一九三一年生まれ。東京大学理学部物理学科卒業。工学博士。石油資源開発、旭化成工業、旭リサーチセンターを経て、新潟大学法学部教授、関西大学総合情報学部教授を歴任。『技術標準対知的所有権』『起業家エジソン』『学術情報と知的所有権』など多数の著書がある。

## 要旨

【文章】著作権法は、著作者が発表した「原作品」ではなく、「原作品」の中の記号列を「著作物」として対象とする。著作物は多様な姿形をしているが、著作権法では「自分」の価値として「一回的」な対象を「主観的」に表現した叙情詩型のテキストを「著作物」と定義し、「万人」の価値として「普遍的」な対象を「客観的」に示した理工系論文を対極において、著作物性の濃さによって著作権侵害の有無を判断する。著作権法には著作権に関係する「利用」と関係しない「使用」がある。著作物の使用などを過剰に制御すると正常な社会生活を抑圧してしまうが、区別が困難な場合もある。

## 解説

### 問1　標準　1～5　正解は　(ア)＝①　(イ)＝②　(ウ)＝⑤　(エ)＝④　(オ)＝①

(ア)　合致　①致命　②報知　③稚拙　④緻密　⑤余地
(イ)　適合　①匹敵　②適度　③水滴　④警笛　⑤摘発
(ウ)　両端　①丹精　②担架　③破綻　④落胆　⑤端的
(エ)　閲覧　①欄干　②出藍　③乱世　④一覧　⑤累卵
(オ)　過剰　①剰余　②冗長　③醸造　④施錠　⑤常備

問２　やや難　6　正解は④　複数資料

**傍線部の内容**を問う問題。傍線部の表現が意味するものを、文脈の読み取りと**【資料Ⅱ】**の「著作権法」の条文をもとに考察する。著作者は作品を紙やカンバスや光ディスクなど「記録メディア」に載せて発表し、その最初の作品が「原作品」「オリジナル」と呼ばれる。しかし著作権法が対象とする「著作物」は「オリジナル」ではなく、「原作品のなかに存在するエッセンス」だというのが傍線部前の文脈である。

以上をまとめると次のようになる。

**著作物＝原作品のなかに存在するエッセンス**

そして、傍線部の直前文の「そのエッセンスとは何か」という問いへの答えが傍線部であるから、

**著作物＝原作品のなかに存在するエッセンス＝**傍線部の**「記録メディアから剝がされた記号列」**

となる。これを踏まえて、**【資料Ⅱ】**の「著作権法」で定義される「著作物」の内容を確認する。著作権法第二条の一で「著作物」の定義がされており、「思想又は感情を創作的に表現したものであって、文芸、学術、美術又は音楽の範囲に属するもの」とある。つまり、原作品の中の「エッセンス」とは、**「オリジナル」で表現された**思想や感情であり、**文芸、学術、美術、音楽の範囲に属するもの**であると判断することができる。この読み取りをもとに選択肢を確認すると、④の「作曲家が音楽作品を通じて創作的に表現した思想や感情」という内容が当てはまる。

① 「著作権法」第一条にある、法律で定める権利の範囲の説明である。傍線部は原作品のエッセンスが指すものを説明している部分であるので、不適当と判断できる。

② 手書きの原稿を活字で印刷した文芸雑誌は、「記録メディア」そのものといえ、「オリジナル」の説明である。

③ 画家が制作した美術品は、「原作品」「オリジナル」そのものである。

⑤ 選択肢に文字通り書かれているように、「オリジナル」の説明。

傍線部の「記号列」という抽象的表現が、「著作権法」で定義される「著作物」がどのようなものかを示している。この傍線部の意味することをまず把握することが正解を導く方法である。だが、法律の理論という、高校生が触れることの少ないテーマであり、傍線部の抽象的表現からも、本問の意図を把握するのは簡単ではなかったかもしれない。そして、この意図が把握できなければ、「著作権法」のどの部分に着目してよいかわからないという二段構えの問題である。本文と資料の二つを確認する必要があることから、注意の必要な問題。問題としては「やや難」と思われるが、プレテストでの正答率は四一・九％でありそれほど悪くなかった。ただし以降の設問の正答率が低いことから、この設問で時間を使いすぎ、以降の問題に十分な時間をさけなかった受検者が多かったことが考えられる。

## 問3　標準　7　正解は⑤　文章全体

【文章】における著作権に関する説明として適当なものを答える問題。傍線部について問うものではない。【文章】全体の内容理解をもとに、選択肢の正誤を判定する。

①不適。著作権の「利用」と「使用」についてはⅠ15段落以降で説明されている。著作権に関係するものが「利用」であり、「使用」に対しては著作権法がはたらかない。「使用」には書物の閲覧やプログラムの実行などが含まれ、著作者の了解を得る必要はない。よって、「利用」が「著作者の了解を得ることなく行うことができる」という①は、本文と合致しない。

②不適。著作物の内容と著作権の説明は5段落以降で説明される。5段落最後に、理工系論文、新聞記事が、著作物の定義を示した「表1」から「排除される要素を多く含んでいる」とあるが、7段落で、「無方式主義」という原則のため、叙情詩モデルを尺度とすると排除されてしまうものまで著作物として認めてしまうとある。よって、②の「新聞記事や理工系論文は除外される」は誤り。

**③不適。** 14段落にあるとおり、「表現／内容の二分法」によって可能になることは、著作物がより叙情詩型かより理工系論文型かを判断することである。これによって著作権侵害について、「明確な判断を下す」ことはできない。また、テキストを「叙情詩型と理工系論文型に分類することが可能」も不適切。両者のいずれかに分類するのではなく、両者を両端とするスペクトルのどの位置にあるかを判定できるのみである。

**④不適。**「著作物性」とは表現の希少性による著作権の濃さのことで、表現の希少性が低いものを保護するものではない。11段落にあるように、内容に価値があり表現の希少性が低いものは著作権法の領域外。特許法など他の法律の範疇である。

**⑤適当。** 13・14段落で説明されている内容である、著作権法が「テキストの表現の希少性に注目」することについての説明になっており、本文に合致する。

本文の読解に基づいて選択肢の内容の正誤を判断する問題であり、問題自体は標準レベルの出題。ただ、正答率は三九・四%と四割を切っている。**大問の早い段階で文章全体の読み取りが必要な設問が出題される**のがプレテストの特徴であった。従来の国語のテスト（最終設問で文章全体について問う）との違いには注意しておく必要がある。

## 問4　標準　8　正解は④　表読み取り

**二つの表の意味するものと関係性**を、文章に基づいて考察する問題。傍線部は、テキストの二つの型を示した**表2**について説明した部分である。**表2**について、本問で注目すべき内容は次のとおりである。

**叙情詩型のテキスト**＝自分が一回的な対象を主観的に表現したもの

**理工系論文型のテキスト**＝万人が普遍的な対象について客観的に着想、論理、事実を示したもの

10段落以降の説明にあるように、この**叙情詩型の色合いが濃いか薄いか**によって、著作権でコントロールされる「著

作物」か否かを判断する。

傍線部に、**表2**は「表1を再構成したもの」とあるが、**表1**は、著作物の定義として著作権の及ぶ要素が「キーワード」で示され、著作権から排除される要素を対置している。また5段落で説明されるとおり、叙情詩は「キーワード」的に著作物の定義に適合し、理工系論文は、**表1**右側の「排除されるもの」の要素を多く含んだものであることがわかる。つまり**表1**の左側が**表2**の「叙情詩型」で、**表1**の右側が**表2**の「理工系論文型」でまとめ直されているといえる。

**表1**　著作物の定義

| キーワード | 排除されるもの |
|---|---|
| 思想または感情 | 外界にあるもの（事実、法則など） |
| 創作的 | ありふれたもの |
| 表現 | 発見、着想 |
| 文芸、学術、美術、音楽の範囲 | 実用のもの |

≒　≒

| | 叙情詩型 | 理工系論文型 |
|---|---|---|
| 何が特色 | 表現 | 着想、論理、事実 |
| 誰が記述 | 私 | 誰でも |
| どんな記述法 | 主観的 | 客観的 |
| どんな対象 | 一回的 | 普遍的 |
| 他テキストとの関係 | なし（自立的） | 累積的 |
| 誰の価値 | 自分 | 万人 |

**表2**　テキストの型

この理解をもとに選択肢を確認すると、④の、表1が〈キーワード＝叙情詩が適合する要素〉↕〈（著作物から）排除されるもの〉、表2が〈叙情詩型〉↕〈理工系論文型〉を対比したもので、これにより著作物性の濃淡を説明するという内容が一致する。

①　表2は「排除されるもの」の定義を明確にしたものではなく、叙情詩型と理工系論文型の違いを説明したものである。

②　著作物は、「キーワード」と「排除されるもの」の二つの特性を含むという記述が誤り。「キーワード」が著作物の特性である。

③　「排除されるもの」は著作物の類型ではない。表2の理工系論文型は比較のために並べられたもので、著作物にはなりにくい「テキストの型」。

⑤　表2は叙情詩型と理工系論文型の「類似性」ではなく、違いを明確にしている表。

**文章を通して表の意味しているものを読み取る**問題であり、二つの表と文章との関連で読むというやや時間のかかる問題であるが、選択肢の内容から簡単に外せるものもあり、問題自体としては標準レベルである。ただ、この大問の中では最も配点の高い設問の一つであり、注意が必要。正答率も三一・一％と低かった。文章を丁寧に読み、**文章と資料との関連をつかむ**ことで、資料の意味しているものを把握することが大切だ。

## 問5　やや難　9　正解は①

**文章の表現**について問う問題。選択肢の内容と本文の表現を照らし合わせて判断する。「**適当でないもの**」を答えることに注意しよう。

①不適。1段落の「何らかの実体――記録メディア」の「――」の前後の語の関係を考えると、「何らかの実体」の具

体例である紙・カンバス・空気振動・光ディスクなどの総称が「記録メディア」だといえる。また3段落の「物理的な実体——複製物など」については、「現実の作品は、物理的には、あるいは消失し、あるいは拡散してしまう」ものだが、著作権は、著作物という概念を介した物理的な実体である「複製物など」に及ぶ、とある。どちらの箇所も「——」直前の語句をより具体的に説明しているところであり、直前の語句を強調したものという説明は明らかに誤りである。

②適当。ここで指摘される表現は、読者に対して語りかけているものと判断でき、「口語的」で「理解を促す工夫」といえる。

③適当。「プラトニズム」＝プラトン主義。（注）5も参照すると、「哲学や言語学の概念を援用」という記述に疑問をはさむ余地はない。

④適当。叙情詩型と理工系論文型、表現と内容の二分法、著作権の関係する「利用」と著作権に関係しない「使用」など、二項を対立させた説明がされており、本文の内容に適する説明。

⑤適当。16段落以降では、著作権法でコントロールされる範囲とされないものとの説明をしており、最後の文で「現実には利用と使用との区別が困難な場合もある」と述べ、「運用の複雑さを示唆している」といえる。

本文の表現の意味を問う問題であるが、選択肢の説明の中で該当箇所がはっきり示されているので、その部分の読み取りをもとに判断する。本問の正答率が一七・一％と非常に低い。①の、直前の語句を「強調」したものという説明が誤りだとすぐに気づけなかった場合は、判断に迷ってしまっただろう。問4までもやや時間を取られる設問が多く、本問では選択肢と本文を照合する時間がなかったかもしれない。やや難の問題。

## 問6　標準　10〜12　正解は②・④・⑥　複数資料

資料の意味するものを読み取り、他の資料の記述を参考に、**資料の空所に該当する事項を選ぶ問題**。【資料Ⅰ】の一番下の枠内を見ると、空欄aには、**著作権の例外規定**として、「市民楽団が市民ホールで行う演奏会」で著作物の権利者の了解を得ずに著作物を利用できる条件が入るとわかる。しかし、【文章】には著作権法の例外規定は説明されていない。

【資料Ⅱ】の第三十八条に「営利を目的とせず」「聴衆又は観衆から料金を受けない場合には、公に上演し、演奏し……」とあり、**上演による金銭的利益が発生しない場合**は自由に著作物を利用できることが理解できる。これに適合するのが、②「楽団の営利を目的としていない」、④「観客から一切の料金を徴収しない」である。また、第三十八条の最終文に「ただし……実演家……に対し報酬が支払われる場合は、この限りでない」とあり、観衆から料金を徴収しなくとも、**演者に報酬が支払われる場合**は、例外規定とはならないことがわかる。よって、⑥の「楽団に報酬が支払われない」であれば、例外規定にあたるということになる。

【文章】とはほぼ関係せずに、資料の読み取りだけで答えられる問題であり、国語の問題としてはかなり新しい問い方といえるだろう。空欄aが著作権の例外規定の説明であり、【資料Ⅱ】「著作権法」の条文の中に著作権の例外が記されていると気づけば、簡単に三つを選ぶことができたであろう。逆に、空欄aの意味が把握できず、【文章】を中心に該当箇所を探そうとした受検者には、非常に難しく感じられたはずである。文章と資料や表といった複数のテキストから、**必要な情報を効率よく把握し判断する能力を問われる問題**である。本問も配点が最も高いことから、問4とともに、複数資料の情報を総合する能力が重視されているといえるだろう。

問題

# 演習問題4

**問題**　次の【文章Ⅰ】と【資料】を読んで、後の問い（問1〜6）に答えよ。なお、設問の都合で表記を一部改め、【文章Ⅰ】の本文の段落に1〜17の番号を付してある。（配点　45）

目標時間　20分

【文章Ⅰ】

1　つい何日か前、ＮＨＫで里山の番組を見た。人が自然と共に生きている琵琶湖《びわこ》西岸の美しい映像であった。ぼくは自然の中に吸い込まれていくような気持でじっと見入っていた。

2　そのうちにぼくはふと気づいた。自然の中に吸い込まれるというこの表現は、里山については適切なものではないのではないかということに。

3　なぜならいつも言われているとおり、A「里山」はけっして「自然」ではないからである。

4　もともとの自然の中に人間が入っていき、木を伐《き》ったり、草を刈ったり、いろいろな働きかけをしていることによって生まれたもの、それが里山である。

5　もともとの自然は深くこんもりした林であっただろう。そこはあまり日もささず、うす暗くひんやりしていて、あまり快適な場所ではなかったにちがいない。少なくともそこに腰をおろし、のんびり弁当でも開いてくつろごうという気になる場所ではなかったろう。

6　しかし人が入っていって薪《たきぎ》にする木を(ア)トり、小屋を建てる材木を伐り出し、あるいは林の緑を切り開いて小さな畑を作ったりというようなことをしていくと、林は少し(イ)明るくなり、やがて明るい場所を好む草や(注1)灌木《かんぼく》も生えてくる。

7　その草木に花が咲けば蝶もやってくるし、花蜂たちも訪れる。草木にはいろいろな虫がついて葉を食べる。そしてそのような虫たちを求めて小鳥たちも姿を見せる。きっとこんなふうにして林は少しずつ変わっていったのだろう。

8　そこにはいわゆるエコトーン、すなわち自然の傾斜ができてくる。深い林から少し開けた明るい林、そして草地、畑、人家という傾斜が。

9　これが「里山」なのだとぼくは思っている。つまり里山は「里山」という「山」ではなく、人と自然が(ウ)コウサクするところ、基本的には人里なのである。

10　そこでは人と自然が共に生きているのではない。人は自然の中に入っていって、自然に何らかの働きかけをする。そこをただ歩くだけでも、それは働きかけである。人は地面に生えた草を踏み、何匹かの虫を払い落としたり踏みつぶしたりする。木も伐るであろうし、草も刈る。

11　しかし自然も負けていない。伐られた木は元の状態に戻ろうとして若枝を伸ばし、草はまた生えてくる。虫たちもせっせと子孫を残す。こうして人と自然のせめぎあいが続いていく。これが里山であり、人里である。

12　こうして生まれた里山は、もともとの深く暗い林とちがって、人間が親しみと(エ)安らぎをおぼえる場所になる。それが近年の里山賛美の源であることは疑いない。

13　けれど里山を賛美するあまり、奇妙なこともおこっている。たとえば里山への人の立ち入りを禁止したり(オ)キセイしたりというのもその一つだ。

14　人が入って働きかけることを止めれば、里山の自然はたちまちにして元へ戻っていく。それは人間の入って行きにくい、少なくともあまり快適ではない場所になってしまい、たちまちにして里山の「荒廃」がおこる。今や各地で、里山の荒廃が問題とされるに至っている。

15　その一方、里山の美への憧れはますます高まっている。里山の美しい映像は人々の心を打ってやまない。どうやら人々は、そこに自然の美を求めているように思える。今やっと、人工の美ではなく自然の美を求める気持になってきたのだろうか？　もしそうであるのなら、それは喜ばしいことであろう。

16　でも果たしてこれで十分なのだろうかと、ぼくはときどき考える。

17　少し前に述べたとおり、里山はけっして自然そのものではない。それは自然と人間のせめぎあいの産物なのである。もしこのことを忘れると、人間は徹底した自然と徹底した人工とを求めることになりはしないだろうか？　Bそれは何か非現実的で不自然なことになってしまうような気がしてくる。

（日高敏隆『セミたちと温暖化』による。）

（注）1　灌木——ヒトの身長以下の高さで、枝がむらがり生えているような樹木のこと。

【資料】

全国のニホンジカ及びイノシシの個体数推定等の結果について（平成 30 年度）

1．趣旨

近年，ニホンジカ等の鳥獣については，急速な生息数の増加や，生息域の拡大により，自然生態系，農林水産業及び生活環境に深刻な被害を及ぼしており，積極的な捕獲による個体群管理が不可欠となっています。

（後略）

《添付資料》統計手法による全国のニホンジカ等の個体数推定等（概要）

1．調査方法

ニホンジカ及びイノシシを対象に，C階層ベイズモデルによるハーベストベースドモデルを用いた個体数推定※1 及び将来予測を実施した。

※1 生息数と相関がある（生息数の変化により影響を受ける）複数の指標と捕獲数の経年的な変化を用いて，自然増加率などの既知の生態情報を活用しながら，確率論的な計算を行い，個体数を推定する手法。水産資源管理の分野で活用が進んでいる。

（中略）

2．鳥獣の個体数推定に本手法を用いる理由

- 科学的・計画的な鳥獣の管理を推進するためには，対象となる鳥獣の個体数の動向を定期的に把握することが重要だが，直接的に計測することは困難。
- 本手法は，全都道府県が長期的に有する捕獲数データを基に推定するため，一定の捕獲数があれば推定が可能。
- 捕獲数をもとに将来予測ができるため，捕獲目標の設定や捕獲事業の効果の検証に活用することができる。さらに毎年得られたデータを追加して，過去の推定値と将来予測を修正していくことが可能であり，順応的管理に活用しやすい。

3．結果の解釈に関する注意点

結果の解釈においては，特に以下の点において注意が必要である。

- 新たなデータを追加して推定をすると，過去に遡って推定値が見直される※2 ため，過去の推定結果も毎年推定する度に変動すること。

※2 推定値は，過去の推定値も含めて，得られた全てのデータを最も良く説明できる値が算出（更新）される。

（出典：環境省　報道発表資料　平成 30 年 10 月 2 日「全国のニホンジカ及びイノシシの個体数推定等の結果について（平成 30 年度）」及びその添付資料の抜粋。設問の都合で内容を一部省略し，それに伴う改変を行っている。）

**問1**　次の(i)・(ii)の問いに答えよ。

(i)　傍線部(ア)・(ウ)・(オ)に相当する漢字を含むものを、次の各群の①～④のうちから、それぞれ一つずつ選べ。解答番号は［1］～［3］。

(ア)　トリ［1］
① 賞金をカクトクする
② 犯人をタイホする
③ 昆虫をサイシュウする
④ 動画をサツエイする

(ウ)　コウサク［2］
① サップウケイな私の部屋
② 作文をテンサクしてもらう
③ 行方不明者のソウサク
④ それは目のサッカクだ

(オ)　キセイ［3］
① キソク正しい生活を送る
② 受験での必勝をキガンする
④ イベントをキカクする
⑤ キフクに富んだ地形

(ii)　傍線部(イ)・(エ)とは**異なる意味**を持つものを、次の各群の①～④のうちから、それぞれ一つずつ選べ。解答番号は［4］・［5］。

(イ)　明るく［4］
① セン明
② ケン明
③ 明アン
④ トウ明

(エ)　安らぎ［5］
① 安ド
② イ安
③ 安チョク
④ 安シン

問2　傍線部A「『里山』はけっして『自然』ではないからである」とあるが、筆者は「里山」をどのようなものと考えているのか。その内容として**適当でないもの**を次の①〜⑤のうちから一つ選べ。解答番号は［6］。

①「里山」は人が自己の生活のために「自然」を開発することで形成された場所であり、「自然」からの反撃におびやかされながら、「自然」との戦いを続けることで存在が可能となる、という性質を持っている。

②「里山」は人が「自然」そのものを改変することで生み出した「人間」のための場所であり、せめぎあいの中で「人間」が自然との共生を実現するための接点として機能する、という意味合いを持っている。

③「里山」は人が「自然」の中に入っていって働きかけを行った結果生じた場所であり、この変化によってこれまで林の中では生きられなかった様々な動植物が新たな生を営むことを可能にしている。

④「里山」は人がありのままの「自然」をある程度侵食することで生じる場所であり、その明るさが人間に親しみと安らぎとを与え、人々がその新たな「自然」の美を求めようとする気持ちを起こさせる。

⑤「里山」は人が「自然」を人間にとって快適なものにするための営みによって生まれた場所であり、「エコトーン」の間で常にせめぎあいを続けながら「人間」の営みを維持していく空間となっている。

問3　傍線部B「それは何か非現実的で不自然なことになってしまうような気がしてくる」とあるが、筆者の考える「非現実的で不自然なこと」とはどのようなことか。その内容として最も適当なものを、次の①〜⑤のうちから一つ選べ。解答番号は 7 。

① 里山が自然と人間のせめぎあいの場であったことを忘れてしまい、里山こそが自然そのものだと思い込むようになる、ということ。

② 里山が自然に対する人間の働きかけによって生じたことを忘れ、その働きかけで生存の場を得た植物や昆虫や鳥たちを自然だと勘違いしてしまう、ということ。

③ 里山が基本的に人間の介入で成り立つ人里であったという事実を忘れ、働きかけを止めて荒廃した里山にまで親しみを感じるようになる、ということ。

④ 里山が人間によって切り開かれた人工的な場であることを忘れ、里山の自然を守るために人間の介入をなくそうと考えるようになる、ということ。

⑤ 里山が自然と人間のバランスによって親しみと安らぎをおぼえる場所となったことを忘れ、徹底した人工化で本来の里山を消滅させようとする、ということ。

問4　「里山」に生じた問題の解決を目指した【資料】の傍線部C「階層ベイズモデルによるハーベストベースドモデルを用いた個体数推定」の持つ「意味や役割」に関して、以下の【文】を作成した。【文】の空欄［X］・［Y］に入る内容として最も適切な組み合わせを、次の①～⑤のうちから一つ選べ。解答番号は［8］。

【文】「階層ベイズモデルによるハーベストベースドモデルを用いた個体数推定」は、近年の鳥獣の急速な生息数の増加、生息域の拡大による人間生活への深刻な被害を踏まえ、積極的な捕獲による個体群管理を行うための計算法として考案されたものであり、［X］という利点を持つ一方で、［Y］という問題が存在する。

① X─鳥獣の個体数の動向を直接計測することなく捕獲数データを基にして推定することができる
　Y─新たなデータの追加が過去の推定値を変動させ、データそのものを完全に無意味にしてしまう

② X─生息数と相関性のあるデータを確率論的に運用することで、より柔軟な個体群管理が可能になる
　Y─データの追加により過去の推定値が変動し、過去のデータとの一貫性が損なわれることになる

③ X─捕獲数データに基づく将来予測によって捕獲目標を設定したり効果の検証を行うことができる
　Y─過去に遡ってデータの見直しを行うため、過去の鳥獣による被害を実際より低く見積もってしまう

④ X─限定された捕獲数のデータのみに基づく推定のため、過剰な捕獲による絶滅を未然に防げる
　Y─データが継続的に修正されることで、過去の推定結果が実態にそぐわないものとなってしまう

⑤ X─新たなデータを追加して過去の推定値や将来予測の修正を行いながら順応的管理がしやすい
　Y─捕獲者が捕獲数を意図的に操作すれば、確率論的な計算に基づく値を自由に操作できてしまう

演習問題4

問5　次に示すのは、【文章Ⅰ】と【資料】の内容について、五人の生徒が話し合っている場面である。【文章Ⅰ】と【資料】から読み取れる事柄として最も適当であると考えられる発言を、次の①～⑤のうちから一つ選べ。解答番号は 9 。

① 生徒A――【文章Ⅰ】の12を見ると、「里山は…人間が親しみと安らぎをおぼえる場所になる」と書かれているのに、【資料】の「1．趣旨」には「農林水産業及び生活環境に深刻な被害を及ぼしており」という記述がある。一見親しみやすそうに見える「里山」でも、野生動物の脅威から逃れることはできない、というメッセージが、僕はここから読み取れると思う。

② 生徒B――そうかしら。【文章Ⅰ】の14にある「里山の『荒廃』」の結果として【資料】の「1．趣旨」にあるような「急速な生息数の増加や、生息域の拡大」が起こっているのだと思うわ。野生動物を厳重に管理して、彼らが「里山」に入って来られないような対策を行わなければ「里山」の人々の生活が守れない、というメッセージを私はここから読み取ったわ。

③ 生徒C――そうかなあ。【文章Ⅰ】の11にあるように「人と自然のせめぎあい」で「里山」が成り立つのに、実際は「自然」が勝って「里山」が崩壊した、というのが【資料】の「1．趣旨」の意味することなんだよ。でも「添付資料」の「3．結果の解釈に関する注意点」が示すように今のやり方ではきちんと管理できないのではないか、というメッセージを僕は読み取ったね。

④ 生徒D――それよりも【文章Ⅰ】の17にあるように、「里山」が「自然と人間のせめぎあいの産物」であることを忘れてしまったことが、【資料】の「1．趣旨」にある「自然生態系」や「生活環境」への深刻な被害の原因だと思ったわ。「里山」を復活させる方法として「添付資料」の「1．調査方法」のような推定に基づく個体群管理は必要なのだ、というメッセージを私は読み取ったわ。

⑤　生徒E――【文章Ⅰ】の17にある「人間は徹底した自然と徹底した人工とを求める」という記述に注目すべきだと僕は思うよ。【資料】の「1．趣旨」が示す「農林水産業及び生活環境」への「深刻な被害」は「徹底した自然」を求めた結果なので、それを反省して今度は「徹底した人工」を目指すべきだ、というメッセージが読み取れるんじゃないかな。

問6　【文章Ⅱ】は、「人間」と「自然」との関わりを「森で暮らす人々の生活」の観点から説明している。これまでの【文章Ⅰ】と【資料】の内容を踏まえ、空欄 Z に入る文として最も適当なものを、次の①～⑤のうちから一つ選べ。解答番号は 10 。

【文章Ⅱ】

「森の外」に住む人々は、これまでの森の産物――とりわけ自然的環境とか、風景とか、水とかの「公共財」で、直接貨幣価値で評価されていないもの――をどのような形で享受してきたであろうか。人々は森に接し、利用するに当たって、「森は無料」と思っていたのではなかったか。森に源を発する水についてもまた、同様ではなかったか。自然に恵まれたこの国の人々にとって、自然は何の苦もなく得られたものであったのであろう。自然をつくり、育て、維持している人々の存在を、一体どれだけの人が理解していたのであろうか。

（中略）

森に住む人々に、「森の外」の思考を強制してはならない。「森の外」からできることは、森に住む人々のつくったものに対する「正当な」評価である。それは、森の内と外との間に、対等の関係が成り立っていることを基盤にして、はじめて可能である。

ニホンカモシカの保存、森の環境の保全、水の確保といったことが、私たちの社会を成り立たせていく上で不可欠の「財物」であると考えるなら、［　Z　］

（林　進《すすむ》『森の心　森の智恵』による。なお、設問の都合で一部改変・省略を行っている。）

① 私たちの社会は、それらの「財物」に対して感謝の心を持って向き合う習慣を身につけ、無駄を排したエコロジカルな生活を行うことを推進しなければならないのである。

② 私たちの社会は、自然をつくり、育て、維持していく人々の存在を理解した上で、自らも自然に関与する当事者として森を育てる活動への参加を推進するべきなのである。

③ 私たちの社会は、それらを持続して生産・保全する主体、すなわち森に生きる人々の生活・生産の仕組みそのものをこそ、保ち続けなければならないのである。

④ 私たちの社会は、「森は無料」という偏見を改め、「公共財」の持つ金銭的な価値を認めて、それにふさわしい対価を支払うという形で「公共財」を利用すべきなのである。

⑤ 私たちの社会は、森の内と森の外との間に対等な関係が成立していることを基盤にしつつ、あるべき森の姿を森の内の人との対話を通して模索すべきなのである。

〈本書オリジナル問題〉

# 演習問題４

## 解答解説

### 解答

問１　(i)(ア)＝③　(ウ)＝④　(オ)＝①（６点・各２点）　(ii)(イ)＝②　(エ)＝③（４点・各２点）　問２　②（６点）
問３　④（６点）　問４　②（８点）　問５　④（８点）　問６　③（７点）

### 出題資料の確認と分析

一つの大問の中で複数の資料が出された場合、最初に、その内訳と分量を簡単に確認しておくとよい。本問については、二つの文章と一つの資料が提示されている。

(1)　**【文章Ⅰ】**人間と自然との関係を「里山」のあり方から探るエッセイ
(2)　**【資料】**野生動物の捕獲数から個体数の推定を行う統計方法に関する資料
(3)　**【文章Ⅱ】**「森に住む人々」が環境資源の保護・保全に果たす役割とそれを支える社会のあり方に関する評論

このように列挙すると、(1)〜(3)に**共通しそうなテーマ**が浮かび上がってくるだろう。文章と資料を読み、各設問について考えていくことで、出題意図がさらにはっきりと見えてくるはずである。

**【文章Ⅰ】**で人間と自然との関わり合い方の基本を理解し、**【資料】**〈実用的な文章〉で野生動物が増加している現状とその問題点、および野生動物の個体数推定の方法を把握し、最後に**【文章Ⅱ】**で「森に住む人々＝里山の人々」の生活を守る仕組みを社会全体で考えることが〈自然と人間のバランスの維持〉には必要だ、という理解に至る。この三つのプロセスの理解を確認する作業として一連の設問がそれぞれ設定されている。

## 出典

**【文章Ⅰ】日高敏隆『セミたちと温暖化』〈里山物語〉（新潮文庫）**

日高敏隆は一九三〇年東京生まれの動物行動学者。東京大学理学部卒業後、専攻の昆虫生理学をはじめとして哺乳類・人間にまで研究対象を広げ、専門書・啓蒙書・エッセイ・訳書など数多くの著作を残した。二〇〇九年没。著書に『動物にとって社会とはなにか』『チョウはなぜ飛ぶか』『動物という文化』『人間はどこまで動物か』などがある。

**【資料】**環境省報道発表資料「全国のニホンジカ及びイノシシの個体数推定等の結果について（平成30年度）」およびその添付資料「統計手法による全国のニホンジカ等の個体数推定等（概要）」（平成三十年十月二日）

いずれも元の資料から大幅な省略が行われ、設問に答えるのに使う場所が探しやすくなっている。

**【文章Ⅱ】林進『森の心　森の智恵――置き忘れてきたもの』（学陽書房）**

林進は一九四〇年和歌山生まれ。京都大学農学部卒業後、岐阜大学で教鞭を取る。専門は環境保全、林学、生物資源科学など。【文章Ⅱ】は、一九九九年度センター試験（本試験）で出題された一節から抜粋したものである。

## 要旨

**【文章Ⅰ】**「里山」はけっして「自然」ではない。もともとの自然の中に人間が入っていき、いろいろな働きかけをしていることによって生まれたものである。人間が入りこんだ自然にはエコトーン（自然の傾斜）が生まれる。よって里山は「里山」という「山」ではなく、人と自然が交錯するところ、つまり人里なのである。里山が自然と人間のせめぎあいの産物であることを忘れると、人間は徹底した自然と徹底した人工とを求める、という非現実的で不自然なことになる。

【文章Ⅱ】「森の外」に住む人々は、「森は無料」と思って森に接し、森の産物を利用していたのではないか。自然をつくり、育て、維持している人々の存在を、一体どれだけの人が理解していたのか。「森の外」の人が、森の産物に対する「正当な」評価をする基盤として、森の内と外での対等な関係の成立が必要となる。私たちの社会は、森の環境を持続して保全する主体である森の人々の生活・生産の仕組みを保ち続けなければならない。

# 解説

## 問1　標準　1 ～ 5　正解は　(i)(ア)＝③　(ウ)＝④　(オ)＝①　(ii)(イ)＝②　(エ)＝③

(i)　(ア)　採り　①獲得　②逮捕　③採集　④撮影

(ウ)　交錯　①殺風景　②添削　③捜索　④錯覚

(オ)　規制　①規則　②祈願　③企画　④起伏

(ii)　(イ)　「明」には〈A：光があること・明るいこと〉〈B：夜が明けること〉〈C：物事がはっきりしていること〉〈D：明らかにすること〉〈E：物事を見通す力があること〉などの意味がある。傍線部はAの意味である。①の「セン明＝鮮明」はAまたはC、③の「明アン＝明暗」はA、④の「トウ明＝透明」はAまたはCの意味で用いられるが、②の「ケン明＝賢明」の「明」は〈E：物事を見通す力があること〉の意味で用いられる。よって②が正解。

(エ)　「安」には〈A：異常や異変がなく落ち着いていること〉〈B：心が落ち着くこと・安らかになること〉〈C：簡単でたやすいこと・物事を軽く扱うこと〉〈D：値段が安いこと〉などの意味がある。傍線部はBの意味で、①の「安ド＝安堵」、②の「イ安＝慰安」、④の「安シン＝安心」の「安」はいずれも〈B：心が落ち着くこと・安らかになること〉と同じ意味で用いられるが、③の「安チョク＝安直」の「安」は〈C：簡単でたやすいこと・物事を軽く扱うこと〉の意味で用いられている。よって③が正解。

## 問２　標準　6　正解は②　文章全体

傍線部に関連して**筆者の考え**を問う設問。「**適当でないもの**」を判別する。**【文章Ⅰ】**の内容を正確に押さえたうえで、〈何が述べられているか〉ではなく〈**何が述べられていないか**〉を確認する設問であることを意識する。まず**【文章Ⅰ】**の内容を簡単に押さえると、論点のポイントは次のようになる。

A　「里山」はけっして「自然」ではない。自然に対する人間の働きかけによって生まれたものが里山であり、その働きかけによって、快適でなかった自然が、くつろげる場所になる。（第3～5段落）

B　里山には林にいない生き物の生態系が生まれ、自然の傾斜ができる。里山は人と自然の交錯点であり、基本的には人里である。（第6～9段落）

C　里山は人と自然が共に生きる場所ではなく、人と自然のせめぎあいの続く場所である。その里山に人間は親しみと安らぎをおぼえる。（第10～12段落）

D　里山を賛美しすぎると、里山の自然に対する人間の働きかけを否定する動きも生じるが、それが逆に里山の「荒廃」をもたらす。（第13～14段落）

E　人々は里山の風景に自然の美を見いだすが、里山が自然と人間のせめぎあいの産物であることを忘れると、徹底した自然と徹底した人工を求める、という不自然な事態が生じる。（第15～17段落）

これらAからEのポイントを踏まえて各選択肢を検証すると、②の「『人間』が自然との共生を実現するための接点として機能する」が、Cの「里山は人と自然が共に生きる場所ではなく」の部分と〈**矛盾**〉の関係にあることがわかる。よって「適当でないもの」は②である。**「里山」は人と自然のせめぎあい**（＝互いに対立し、争うこと）**の中で、人が**

**自然に攻め入ることで形成された**〈人里＝「人」の里＝**人工物**〉であるという点をきちんと理解する。

残りの選択肢については、①が[A]・[C]に、③が[A]・[B]に、④が[A]・[C]・[E]に、そして⑤が[A]・[B]・[C]に、それぞれ対応しているため、適当であることがわかる。

## 問3　やや易　7　正解は④

傍線部に関連して**筆者の考え**を問う設問。傍線部前後から筆者の考えを読み取る。まず、傍線部の冒頭にある「それ」という指示語の中身を正確に押さえるため、傍線部の前（第[17]段落）を確認する。

[F]「里山は……自然と人間のせめぎあいの産物なのである」

[G]「このこと（＝[F]）を忘れると、人間は徹底した自然と徹底した人工とを求めることになりはしないだろうか？
（＝なる）」

右に示したように、[G]の「このこと」の指示内容は、[F]の〈里山が自然と人間のせめぎあいの産物であること〉である。また、傍線部の「それ」が指示するのは[G]の「**人間は徹底した自然と徹底した人工とを求める**」ということであり、これが具体的にはどういうことなのかをさらに前の部分で確認すると、第[13]段落から第[14]段落にかけて、

[H]「里山への**人の立ち入りを禁止**したりキセイ（規制）したり」

[I]「**人が入って働きかけることを止め**れば、里山の自然はたちまちにして元へ戻っていく」

とある。ここから、〈徹底した自然を求めること〉の内容が理解できる。この点を踏まえて選択肢を見てみると、④の「里山が人間によって切り開かれた人工的な場であることを忘れ」の部分が、[F]・[G]および**問2**の解説で確認したことに合致し、「里山の自然を守るために人間の介入をなくそうと考えるようになる」の部分が[H]・[I]に合致することがわ

かる。よって正解は④である。

①「里山こそが自然そのものだと思い込むようになる」が誤り。確かに第15段落から〈里山の美しい映像＝自然の美〉という構図が見えてくるが、そのことと傍線部直前の「徹底した自然と徹底した人工とを求める」ということとのつながりを示す根拠を本文で確認することはできない。

②「その働きかけで生存の場を得た植物や昆虫や鳥たちを自然だと勘違いしてしまう」が誤り。人里に生存の場を得た「植物や昆虫や鳥たち」を〈自然と見なすべきか人工と見なすべきか〉という論点そのものが本文で確認できない。

③「働きかけを止めて荒廃した里山にまで親しみを感じる」が誤り。第15段落より、「里山の美への憧れ」はあるが、第14段落にあるように、荒廃した「里山」については「問題とされる」となっており、「親しみ」の対象ではない。

⑤「徹底した人工化で」が誤り。H・Iにおいて確認したが、第13・14段落で述べられているのは〈徹底した自然化〉の話である。

## 問４　標準　8　正解は②

実用的な文章を読み取る設問。**【資料】**の正確な分析から内容を整理し、空欄に入る候補となる文を判別する。実用的な文章の読み取りについては、基本的には、**書かれている**〈情報〉の正確な把握と整理を通して、そこから**〈読み取れること／読み取れないこと〉を確認する**ような出題が想定される。問４は、〈空欄付きの要約文〉を設問に配し、その空欄を埋める形で選択肢を選ばせる形式の問題として作問されている。

まず**【文】**を見ると、X の直後に「利点」、Y の直後に「問題」とあるので、**【資料】**に示された「統計手法」のメリットが X に入り、デメリットが Y に入ると考えることができる。よって「統計手法」の具体的な調査方法とそのメリット・デメリットを、**【資料】**から抜き出してみる。

〈調査方法〉　（添付資料「**1．調査方法**」より）

J　生息数と相関がある複数の指標と捕獲数の経年的な変化を用いる。

K　自然増加率などの既知の生態情報を活用する。

L　確率論的な計算（＝物事を可能性として考えるような計算方法）を行い、個体数を推定する。

（添付資料「**2．鳥獣の個体数推定に本手法を用いる理由**」より）

〈メリット〉

M　捕獲数データに基づく推定なので、一定の捕獲数があれば推定可能である（＝**いちいち生きている個体をカウントしなくて済む**）。

N　捕獲数をもとに将来予測ができるため、捕獲目標の設定や捕獲事業の効果の検証に活用可能。

O　毎年得られたデータを追加して、過去の推定値と将来予測が修正できるので、順応的管理に活用しやすい（＝**柔軟な仕方で管理ができる**）。

〈デメリット〉　（添付資料「**3．結果の解釈に関する注意点**」より）

P　新たなデータを追加して推定すると、過去に遡って推定値が見直される（＝**過去が「事実」として確定しないでそのつど「解釈」され直す**）ので、過去の推定結果も毎年変動する。

これらのポイントをもとに各選択肢を検証する。

①　X―鳥獣の個体数の動向を直接計測することなく捕獲数データを基にして推定することができる

＝適当。L・Mの内容に合致する。

Y―新たなデータの追加が過去の推定値を変動させ、データそのものを完全に無意味にしてしまう

＝不適。Pには「データそのものを完全に無意味にしてしまう」かどうかがわかる記述はない。

②　X―生息数と相関性のあるデータを確率論的に運用することで、より柔軟な個体群管理が可能になる

＝適当。J・L・Oの内容に合致する。「確率論的」に運用するということは〈過去の結果や予測を固定化し

ない〉ということなので、「柔軟な個体群管理」につながることになる。

Y―データの追加により過去の推定値が変動し、過去のデータとの一貫性が損なわれることになる

＝適当。Pの内容に合致する。〈過去が毎年更新される〉という不思議な現象が起こるので、以前に得られたデータ（「過去のデータ」）はそのままでは参考にならなくなる。

③

X―捕獲数データに基づく将来予測によって捕獲目標を設定したり効果の検証を行うことができる

＝適当。M・Nの内容に合致する。

Y―過去に遡ってデータの見直しを行うため、過去の鳥獣による被害を実際より低く見積もってしまう

＝不適。Pの説明では過去のデータがどのように変動するかがわからないので、「低く」見積もるかどうかという、〈高低を決定する根拠〉をPから求めることは不可能である。

④

X―限定された捕獲数のデータのみに基づく推定のため、過剰な捕獲による絶滅を未然に防げる

＝不適。Mでは確かに「捕獲数データに基づく推定」とあるが、Jでは「生息数と相関がある複数の指標」とあり、またKでは「自然増加率などの既知の生態情報を活用する」とあるので、「捕獲数のデータのみ」という〈限定〉は不可能である。

Y―データが継続的に修正されることで、過去の推定結果が実態にそぐわないものとなってしまう

＝不適。Pにある通り「過去に遡って推定値が見直される」と「過去の推定結果も毎年変動する」が、いずれにせよ「推定値」なので、「実態」を反映したものであるかどうかは、「修正」云々に関係なく問題となる。

⑤

X―新たなデータを追加して過去の推定値や将来予測の修正を行いながら順応的管理がしやすい

＝適当。Oの内容と合致する。

Y―捕獲者が捕獲数を意図的に操作すれば、確率論的な計算に基づく値を自由に操作できてしまう

＝不適。〈調査方法〉の項目J・K・Lおよび〈メリット〉のOを確認すればわかるように、「確率論的な計

算」に基づく値はさまざまな指標や既知の生態情報のデータの追加によって変動するのであって、「捕獲者」が「捕獲数を意図的に操作」するかどうか、といった論点を【資料】に書かれていることだけで想定することは不可能である。

XとYとがともに適当となっているのは②のみである。よって②が正解である。

## 問5　やや難　9　正解は④　複数資料　言語活動

**異なる複数の文章や資料の論理的な関係性**を把握する問題。基本的には**問4**と同じように〈読み取れること／読み取れないこと〉を確認する作業が中心となるが、設問の対象となる文章や資料が複数の場合には、それぞれの文章や資料の〈正確な内容把握〉とともに、〈文章や資料の論理的なつながりの整合性〉を考えるという作業が加わる。また、本問の選択肢は「生徒が話し合っている場面」であり、〈各発言の論理の丁寧な検証〉も重要となる。

**【文章Ⅰ】**のポイントについては**問2**の解説で検証済みである。また**【資料】**のポイントについても**問4**の解説で押さえている。各選択肢を見てみると、いずれも**【資料】**の「**1．趣旨**」を踏まえた発言となっている点には注意すべきである。そこで**【資料】**の「**1．趣旨**」を見てみると、

　近年、ニホンジカ等の鳥獣については、急速な生息数の増加や、生息域の拡大により、自然生態系、農林水産業及び生活環境に深刻な被害を及ぼしており、積極的な捕獲による個体群管理が不可欠となっています。

とある。ここからわかることは、以下の三点である。

Q　鳥獣（野生動物＝自然の産物）が急速に増加し、生息域を拡大（＝つまり人間の側に侵食）している。

R　鳥獣は自然生態系（＝**自然のバランス**）、農林水産業及び生活環境（＝**人間の暮らし**）**を破壊しつつある**。

S　積極的な**捕獲による個体群管理**（＝捕獲をして数を減らす）が不可欠である。

この三点を、今度は【文章Ⅰ】および【資料】と重ね合わせて並べ直してみると、次のような〈論理の流れ〉が見えてくる。

T　【文章Ⅰ】：人間は自然と人間のせめぎあいの産物として「里山」をつくり出した。

U　【資料】1．趣旨：だが近年、何らかの理由でせめぎあいのバランスがくずれ、里山の荒廃＝自然の人間の側への侵食が起こり、それが鳥獣（野生動物）の急速な増加、生息域の拡大をもたらしている。よって積極的な捕獲による個体群管理が必要である。

V　【資料】添付資料：そこで適切な個体数推定の手法（＝階層ベイズモデルによるハーベストベースドモデルを用いた個体数推定）を用いて、鳥獣を順応的に管理していく。

さて、Uで想定される「何らかの理由」について、手がかりになるものをさがそう。問3で考えたように、筆者が危惧する「非現実的で不自然なこと」とは、里山が「自然と人間のせめぎあいの産物」であることを忘れ、「徹底した自然と徹底した人工とを求めること」である。問3の正解の選択肢④には「里山が人間によって切り開かれた人工的な場であることを忘れ、里山の自然を守るために人間の介入をなくそうと考えるようになる」とあった。これを「何らかの理由」と考え、もう一度T～Vの〈論理〉を組み直してみると、

T　【文章Ⅰ】：人間は自然と人間のせめぎあいの産物として「里山」をつくり出した。

U　【資料】1．趣旨：だが近年、何らかの理由（＝里山が人間によって切り開かれた人工的な場であることを忘れ、里山の自然を守るために人間の介入をなくそうと考えるようになったこと）でせめぎあいのバランスがくずれ、里山の荒廃＝自然の人間の側への侵食が起こり、それが鳥獣（野生動物）の急速な増加、生息域の拡大をもたらしている。よって積極的な捕獲による個体群管理が必要である。

V　【資料】添付資料：そこで適切な個体数推定の手法（＝階層ベイズモデルによるハーベストベースドモデルを用いた個体数推定）を用いて、鳥獣を順応的に管理していく。

演習問題4

となる。これが設問で求められている〈論理的なつながり〉であると理解し、各選択肢を検証する。

④を見ると、前半はTとUを踏まえた〈論理〉となっており、後半はVの内容におおむね合っている。確かに「『里山』を復活させる（ための）方法」といった記述はこれまでの部分では見当たらないが、U・Vで行われている〈鳥獣（＝自然）の積極的な捕獲による個体群管理〉とは、実質的に〈自然と人間のせめぎあいの復活〉であり、その視野の先に〈「里山」の復活〉も含まれるということは**論理的に推定可能**である。よって④が正解である。

①　**【文章Ⅰ】**の読み取り（T）は間違っていないが、**【資料】**については「１．趣旨」の分析（U）だけであり、そこから添付資料（V）へと続く〈論理〉が存在しない。「野生動物の脅威から逃れることはできない」という記述は、事実ではあっても筆者の「メッセージ」として特定できる根拠は存在しない。よって不適当。

②　**【文章Ⅰ】**の読み取り（T）、および**【資料】**「１．趣旨」の分析（U）は妥当である。だが「野生動物を厳重に管理」「彼らが『里山』に入って来られないような対策」に該当する根拠を、**【資料】**から見つけることはできない。むしろそうした対策は最終段落で筆者が問題視している「徹底した自然と徹底した人工とを求めること」（問３のG）に近い発想である。よって不適当。

③　**【文章Ⅰ】**（T）と**【資料】**「１．趣旨」（U）の分析は妥当である（ただ、「『自然』が勝って『里山』が崩壊した」理由を、問３のG・H・Iあたりで確認する必要がある）。また添付資料の分析（V）に関しては、確かに調査方法についての〈デメリット〉が述べられているが（問４のP参照）、それを理由にして「今のやり方ではきちんと管理できない」と結論づける〈論理〉を導き出すことはできない。よって不適当。

⑤　**【文章Ⅰ】**（T）と**【資料】**「１．趣旨」（U）の分析は妥当である。しかし「今度は『徹底した人工』を目指すべきだ」という記述は、②でも確認したように、筆者が問題視する「徹底した自然と徹底した人工とを求めること」にほかならず、U・Vで目指されている〈確率論的・順応的管理〉のあり方とも矛盾する。よって不適当。

## □□ 問6 標準 10 正解は③ 複数資料

**結論となる文の空所補充**の設問。新たに提示された文章に、これまでのアプローチを重ね合わせて、妥当な論理的帰結を導き出す問題となっている。まず【文章Ⅱ】に入る前に、ここまで押さえてきた内容について再度おさらいすると、次のようになり、**問5**の解説に示したように、下のような内容が**論理的に推定可能**である。

**【文章Ⅰ】**:「里山」は自然と人間がせめぎあう「人里」で、そこに人間は親しみと安らぎをおぼえるが、里山を賛美しすぎて人間の働きかけを排除すると「里山」の荒廃が起こる。

**【資料】** 1.**趣旨**:近年鳥獣の生息数や生息域が増加・拡大し、それが自然生態系や農林水産業・生活環境に深刻な被害を及ぼすので、積極的な捕獲による管理が必要。

**【資料】** 添付資料:鳥獣の個体数推定については、生息数と相関がある複数の指標と捕獲数の経年的な変化等に基づいて確率論的な計算を行う。この手法にはメリットとデメリットが存在する。

**自然と人間のせめぎあいの消失=「里山」の消失**
←**鳥獣の生息数および生息域の拡大**
←**積極的な捕獲による個体群管理**
←**自然と人間のせめぎあいの復活**
←**「里山」の復活**

**【文章Ⅱ】**はこの延長上にあるもので、

- ●「森の外」に住む人々=「里山」を賛美し、そこに「自然の美」を求める人々
- ●「森」に住む人々 =「里山」を育て、維持している人々

と置き換えて考えることができる。これを踏まえて【文章Ⅱ】のポイントをまとめ直してみると、

- ●「森の外」に住む人々は「森は無料」だと考えている。

●「森の外」に住む人々は「自然をつくり、育て、維持している人々の存在」を理解していない。

**●「森の外」に住む人々は「森」に住む人々のつくったものに対して「正当な」評価を行うべきである。**

となる。この「自然」や「森」を「里山」に置き換えたときに見えてくるものが、Z で求められていることであると理解できる。その際、**問4や問5で確認した〈鳥獣の積極的な捕獲による個体群管理〉が空欄直前の「ニホンカモシカの保存」の話につながってくる**ことが推測できるだろう。

人間の働きかけを排除し、自然を過剰に守ろうとすれば、鳥獣（野生動物）の個体数や生息域が増加・拡大し、自然の生態系や人間生活が深刻な影響を受ける。これは、【文章Ⅱ】で言えば「森の環境の保全、水の確保といったこと」が困難になるということと結びつく。ならば【資料】で示されているように〈鳥獣の積極的な捕獲による個体群管理〉などを認め、〈里山や森に生きる人々の生活（の仕組み）を守ること〉が「森の外」に住む人々が行うべきことだ、という結論になる。こうした点を的確に押さえている③が正解である。

①「感謝の心」は読み方次第では解釈可能であるが、「無駄を排したエコロジカルな生活」を推進すべきであるという明確な根拠を、これまでのアプローチの中で導き出すことは不可能である。よって不適当。

②「自らも自然に関与する当事者として森を育てる活動への参加」が誤り。「森の外」からできることは、「森に住む人々のつくったものに対する『正当な』評価」であり、当事者となって活動に参加することではない。よって不適当。

④「金銭的な価値」「対価を支払うという形で……利用すべき」という見方は、【文章Ⅱ】の「森は無料」という記述との〈対比〉で導き出されたものであると考えられるが、「【文章Ⅰ】と【資料】の内容を踏まえ」という〈設問の指示〉に対応する内容ではない。よって不適当。

⑤「あるべき森の姿」「森の内の人との対話」が不適。文章や資料に「べき」という〈価値判断〉に関わる記述はないし、求められるのは「対話」ではなく〈森に住む人々に対する「理解」「評価」〉である。よって不適当。

# 演習問題5

## 問題

**問題**　次の文章は、加能作次郎《かのうさくじろう》「羽織と時計」（一九一八年発表）の一節である。「私」と同じ出版社で働くW君は、妻子と従妹《いとこ》と暮らしていたが生活は苦しかった。そのW君が病で休職している期間、「私」は何度か彼を訪れ、同僚から集めた見舞金を届けたことがある。以下はそれに続く場面である。これを読んで、後の問い（**問１～６**）に答えよ。なお、設問の都合で本文の上に行数を付してある。（配点　50）

≫ 目標時間　20分

春になって、陽気がだんだん暖かになると、W君の病気も次第に快《よ》くなって、五月の末には、再び出勤することが出来るようになった。

『君の家の紋（注1）は何かね？』

彼が久し振りに出勤した最初の日に、W君は突然私に尋ねた。私は不審に思いながら答えた。

『円《まる》（注2）に横モッコです。平凡なありふれた紋です。何ですか？』

『いや、実はね。僕も長い間休んで居て、君に少《すくな》からぬ世話になったから、ほんのお礼の印に羽二重《はぶたえ》（注3）を一反《いったん》（注4）お上げしようと思っているんだが、同じことなら羽織にでもなるように紋（注5）を抜いた方がよいと思ってね。どうだね、其方《そのほう》がよかろうね。』とW君は言った。

W君の郷里は羽二重の産地で、彼の親類に織元《おりもと》があるので、そこから安く、実費で分けて貰《もら》うので、外にも序《ついで》があるから、そこから直接に京都へ染めにやることにしてあるとのことであった。

『染《そめ》は京都でなくちゃ駄目だからね。』とW君は独りで首肯《うなず》いて、『じゃ早速言ってやろう。』

私は辞退する(ア)術《すべ》もなかった。

一ケ月あまり経《た》って、染め上《あが》って来た。W君は自分でそれを持って私の下宿を訪れて呉《く》れた。私は早速W君と連れだって、呉服屋へ行って裏地を買って羽織に縫って貰った。

貧乏な私は其時《そのとき》まで礼服というものを一枚も持たなかった。羽二重の紋付《もんつき》の羽織というものを、その時始めて着たのであるが、今でもそれが私の持物《もちもの》の中で最も貴重なものの一つとなって居る。

『ほんとにいい羽織ですこと、あなたの様な貧乏人が、こんな羽織をもって居なさるのが不思議な位ですわね。』

妻は、私がその羽織を着る機会のある毎《ごと》にそう言った。私はW君から貰ったのだということを、妙な羽目からつい(イ)言いはぐれて了《しま》って、今だに妻に打ち明けてないのであった。妻が私が結婚の折に特に拵《こしら》えたものと信じて居るのだ。下に着る着物でも袴《はかま》でも、その羽織とは全く不調和な粗末なものばかりしか私は持って居ないので、

『よくそれでも羽織だけ飛び離れていいものをお拵えになりましたわね。』と妻は言うのであった。

『そりゃ礼服だからな。これ一枚あれば下にどんなものを着て居ても、兎《と》に角《かく》礼服として何処《どこ》へでも出られるからな。』私はA擽《くす》ぐられるような思《おも》いをしながら、そんなことを言って誤魔化《ごまか》して居た。

『これで袴だけ仙台平《せんだいひら》(注6)か何かのがあれば揃《そろ》うのですけれどね。どうにかして袴だけいいのをお拵えなさいよ。これじゃ羽織が泣きますわ。こんなぼとぼとしたセル(注7)の袴じゃ、折角《せっかく》のいい羽織がちっとも引き立たないじゃありませんか。』

妻はいかにも惜しそうにそう言い言いした。

私もそうは思わないではないが、今だにその余裕がないのであった。私はこの羽織を着る毎にW君のことを思い出さずに居なかった。

その後、社に改革があって、私が雑誌を一人でやることになり、W君は書籍の出版の方に廻《まわ》ることになった。そして翌年の春、私は他にいい口があったので、その方へ転ずることになった。

W君は私の将来を祝し、送別会をする代《かわ》りだといって、自ら奔走して社の同人(注8)達《たち》から二十円ばかり醵金《きょきん》(注9)をして、私に記念品を贈ることにして呉れた。私は時計を持って居なかったので、自分から望んで懐中時計を買って貰った。

『贈××君。××社同人。』

こう銀側の蓋の裏に小さく刻まれてあった。

この処置について、社の同人の中には、内々不平を抱いたものもあったそうだ。まだ二年足らずしか居ないものに、記念品を贈るなどということは曾《かつ》て例のないことで、これはW君が、自分の病気の際に私が奔走して見舞金を贈ったので、その時の私の厚意に酬《むく》いようとする個人的の感情から企てたことだといってW君を非難するものもあったそうだ。また中には、『あれはW君が自分が罷《や》める時にも、そんな風なことをして貰いたいからだよ。』と卑しい邪推をして皮肉を言ったものもあったそうだ。

私は後でそんなことを耳にして非常に不快を感じた。そしてW君に対して気の毒でならなかった。そういう非難を受けてまでも(それはW君自身予想しなかったことであろうが)私の為《ため》に奔走して呉れたW君の厚い情誼《じょうぎ》(注10)を思いやると、私は涙ぐましいほど感謝の念に打たれるのであった。それと同時に、その一種の恩恵に対して、常に或《あ》る重い圧迫を感ぜざるを得なかった。

羽織と時計――。私の身についたものの中で最も高価なものが、二つともW君から贈られたものだ。この意識が、今でも私の心に、感謝の念と共に、**B**何だかやましいような気恥《きはずか》しいような、訳のわからぬ一種の重苦しい感情を起《おこ》させるのである。

××社を出てから以後、私は一度もW君と会わなかった。W君は、その後一年あまりして、病気が再発して、遂《つい》に社を辞し、いくらかの金を融通して来て、電車通りに小さなパン菓子屋を始めたこと、自分は寝たきりで、店は主に従妹が支配して居て、それでやっと生活して居るということなどを、私は或る日途中で××社の人に遇《あ》った時に聞いた。私は××社を辞した後、或る文学雑誌の編輯《へんしゅう》に携《たずさわ》って、文壇の方と接触する様になり、交友の範囲もおのずから違って行き、仕事も忙しかったので、一度見舞旁々《みまいかたがた》訪《おとな》わねばならぬと思いながら、自然と遠ざかって了った。その中《うち》私も結婚をしたり、子が出来たりして、境遇も次第に前と異《こと》って来て、一層(ウ)足が遠くなった。偶々《たまたま》思い出しても、久しく無沙汰をして居ただけそれだけ、そしてそれに対して一種の自責を感ずれば感ずるほど、妙に改まった気持《きもち》になって、つい億劫《おっくう》になるのであった。

羽織と時計――併《しか》し本当を言えば、この二つが、W君と私とを遠ざけたようなものであった。これがなかったなら、私はもっと素直な自由な気持になって、時々W君を訪れることが出来たであろうと、今になって思われる。何故《なぜ》というに、私はこの二個の物品を持って居るので、常にW君から恩恵的債務を負うて居るように感ぜられたからである。この債務に対する自意識は、私をして不思議にW君の家の敷居を高く思わせた。而《しか》も不思議なことに、C 私はW君よりも、彼の妻君《さいくん》の眼を恐れた。私が時計を帯にはさんで行くとする、『あの時計は、良人《うち》(注11)が世話して進《あ》げたのだ。』斯《こ》う妻君の眼が言う。私が羽織を着て行く、『ああの羽織は、良人が進げたのだ。』斯う妻君の眼が言う。もし二つとも身につけて行かないならば、『あの人は羽織や時計をどうしただろう。』斯う妻君の眼が言うように空想されるのであった。どうしてそんな考《かんがえ》が起《おこ》るのか分《わか》らない。或《あるい》は私自身の中に、そういう卑しい邪推深い性情がある為であろう。が、いつでもW君を訪れようと思いつく毎に、妙にその厭《いや》な考が私を引き止めるのであった。そればかりではない、こうして無沙汰を続ければ続けるほど、私はW君の妻君に対して更に恐れを抱くのであった。

『○○さんて方は随分薄情な方ね、あれきり一度も来なさらない。こうして貴郎《あなた》が病気で寝て居らっしゃるのを知らないんでしょうか、見舞に一度も来て下さらない。』

斯う彼女が彼女の良人《おっと》に向《むか》って私を責めて居そうである。その言葉には、あんなに、羽織や時計などを進げたりして、こちらでは尽《つく》すだけのことは尽してあるのに、という意味を、彼女は含めて居るのである。

そんなことを思うと迚《とて》も行く気にはなれなかった。こちらから出て行って、妻君のそういう考をなくする様に努めるよりも、私は逃げよう逃げようとした。私は何か偶然の機会で妻君なり従妹なりと、途中ででも遇わんことを願った。そうしたら、『W君はお変《かわ》りありませんか、相変らず元気で××社へ行っていらっしゃいますか?』としらばくれて尋ねる、すると、疾《と》うに社をやめ、病気で寝て居ると、相手の人は答えるに違いない。

『おやおや！　一寸《ちっと》も知りませんでした。それはいけませんね。どうぞよろしく言って下さい。近いうちに御《お》見舞に上ります から。』

こう言って分れよう。そしてそれから二三日置いて、何か手土産を、そうだ、かなり立派なものを持って見舞に行こう、そうするとそれから後は、心易《こころやす》く往来出来るだろう——。

そんなことを思いながら、三年四年と月日が流れるように経って行った。今年の新緑の頃、子供を連れて郊外へ散歩に行った時に、**D**私は少し遠廻りして、W君の家の前を通り、原っぱで子供に食べさせるのだからと妻に命じて、態《わざ》と其《そ》の店に餡《あん》パンを買わせたが、実はその折陰ながら家の様子を窺《うかが》い、うまく行けば、全く偶然の様に、妻君なり従妹なりに遇おうという微《かす》かな期待をもって居た為《た》めであった。私は電車の線路を挟んで向側《むかいがわ》の人道に立って店の様子をそれとなく注視して居たが、出て来た人は、妻君でも従妹でもなく、全く見知らぬ、下女《げじょ》(注12)の様な女だった。私は若《も》しや家が間違っては居ないか、または代《だい》が変ってでも居るのではないかと、屋根看板をよく注意して見たが、以前××社の人から聞いたと同じく、××堂W——とあった。たしかにW君の店に相違なかった。それ以来、私はまだ一度も其店の前を通ったこともなかった。

（注）
1　紋——家、氏族のしるしとして定まっている図柄。
2　円に横モッコ——紋の図案の一つ。
3　羽二重——上質な絹織物。つやがあり、肌ざわりがいい。
4　一反——布類の長さの単位。長さ一〇メートル幅三六センチ以上が一反の規格で、成人一人分の着物となる。
5　紋を抜いた——「紋の図柄を染め抜いた」という意味。
6　仙台平——袴に用いる高級絹織物の一種。
7　セル——和服用の毛織物の一種。
8　同人——仲間。
9　醵金——何かをするために金銭を出し合うこと。
10　情誼——人とつきあう上での人情や情愛。

11　良人——夫。

12　下女——雑事をさせるために雇った女性のこと。当時の呼称。

問1　傍線部(ア)〜(ウ)の本文中における意味として最も適当なものを、次の各群の①〜⑤のうちから、それぞれ一つずつ選べ。解答番号は［13］〜［15］。

(ア)　術もなかった［13］
① 理由もなかった
② 手立てもなかった
③ 義理もなかった
④ 気持ちもなかった
⑤ はずもなかった

(イ)　言いはぐれて［14］
① 言う必要を感じないで
② 言う機会を逃して
③ 言うのを忘れて
④ 言う気になれなくて
⑤ 言うべきでないと思って

(ウ)　足が遠くなった　15

① 訪れることがなくなった
② 時間がかかるようになった
③ 会う理由がなくなった
④ 行き来が不便になった
⑤ 思い出さなくなった

**問２**　傍線部**A**「擽ぐられるような思」とあるが、それはどのような気持ちか。その説明として最も適当なものを、次の①～⑤のうちから一つ選べ。解答番号は［16］。

① 自分たちの結婚に際して羽織を新調したと思い込んで発言している妻に対する、笑い出したいような気持ち。
② 上等な羽織を持っていることを自慢に思いつつ、妻に事実を知られた場合を想像して、不安になっている気持ち。
③ 妻に羽織をほめられたうれしさと、本当のことを告げていない後ろめたさとが入り混じった、落ち着かない気持ち。
④ 妻が自分の服装に関心を寄せてくれることをうれしく感じつつも、羽織だけほめることを物足りなく思う気持ち。
⑤ 羽織はＷ君からもらったものだと妻に打ち明けてみたい衝動と、自分を侮っている妻への不満とがせめぎ合う気持ち。

問3　傍線部B「何だかやましいような気恥しいような、訳のわからぬ一種の重苦しい感情」とあるが、それはどういうことか。その説明として最も適当なものを、次の①～⑤のうちから一つ選べ。解答番号は 17 。

① W君が手を尽くして贈ってくれた品物は、いずれも自分には到底釣り合わないほど立派なものに思え、自分を厚遇しようとするW君の熱意を過剰なものに感じてとまどっている。

② W君の見繕ってくれた羽織はもちろん、自ら希望した時計にも実はさしたる必要を感じていなかったのに、W君がその贈り物をするために評判を落としたことを、申し訳なくももったいなくも感じている。

③ W君が羽織を贈ってくれたことに味をしめ、続いて時計までも希望し、高価な品々をやすやすと手に入れてしまった欲の深さを恥じており、W君へ向けられた批判をそのまま自分にも向けられたものと受け取っている。

④ 立派な羽織と時計とによって一人前の体裁を取り繕うことができたものの、それらを自分の力では手に入れられなかったことを情けなく感じており、W君の厚意にも自分へ向けられた哀れみを感じ取っている。

⑤ 頼んだわけでもないのに自分のために奔走してくれるW君に対する周囲の批判を耳にするたびに、W君に対する申し訳なさを感じたが、同時にその厚意には見返りを期待する底意をも察知している。

**問4**　傍線部C「私はW君よりも、彼の妻君の眼を恐れた」とあるが、「私」が「妻君の眼」を気にするのはなぜか。その説明として最も適当なものを、次の①〜⑤のうちから一つ選べ。解答番号は 18 。

① 「私」に厚意をもって接してくれたW君が退社後に寝たきりで生活苦に陥っていることを考えると、見舞に駆けつけなくてはいけないと思う一方で、「私」の転職後はW君と久しく疎遠になってしまい、その間看病を続けた妻君に自分の冷たさを責められるのではないかと悩んでいるから。

② W君が退社した後慣れないパン菓子屋を始めるほど家計が苦しくなったことを知り、「私」が彼の恩義に酬いる番だと思う一方で、転職後にさほど家計も潤わずW君を経済的に助けられないことを考えると、W君を家庭で支える妻君には申し訳ないことをしていると感じているから。

③ 退職後に病で苦労しているW君のことを思うと、「私」に対するW君の恩義は一生忘れてはいけないと思う一方で、忙しい日常生活にかまけてW君のことをつい忘れてしまうふがいなさを感じたまま見舞に出かけると、妻君に偽善的な態度を指摘されるのではないかという怖さを感じているから。

④ 自分を友人として信頼し苦しい状況にあって頼りにもしているだろうW君のことを想像すると、見舞に行きたいという気持ちが募る一方で、かつてW君の示した厚意に酬いていないことを内心やましく思わざるを得ず、妻君の前では卑屈にへりくだらねばならないことを疎ましくも感じているから。

⑤ W君が「私」を立派な人間と評価してくれたことに感謝の気持ちを持っているため、W君の窮状を救いたいという思いが募る一方で、自分だけが幸せになっているのにW君を訪れなかったことを反省すればするほど、苦労する妻君には顔を合わせられないと悩んでいるから。

**問5**　傍線部**D**「私は少し遠廻りして、W君の家の前を通り、原っぱで子供に食べさせるのだからと妻に命じて、態と其の店に餡パンを買わせた」とあるが、この「私」の行動の説明として最も適当なものを、次の①～⑤のうちから一つ選べ。解答番号は 19 。

① W君の家族に対する罪悪感を募らせるあまり、自分たち家族の暮らし向きが好転したさまを見せることがためらわれて、かつてのような質素な生活を演出しようと作為的な振る舞いに及んでいる。

② W君と疎遠になってしまった後悔にさいなまれてはいるものの、それを妻に率直に打ち明け相談することも今更できず、逆にその悩みを悟られまいとして妻にまで虚勢を張るはめになっている。

③ 家族を犠牲にしてまで自分を厚遇してくれたW君に酬いるためのふさわしい方法がわからず、せめて店で買い物をすることによって、かつての厚意に少しでも応えることができればと考えている。

④ W君の家族との間柄がこじれてしまったことが気がかりでならず、どうにかしてその誤解を解こうとして稚拙な振る舞いに及ぶばかりか、身勝手な思いに事情を知らない自分の家族まで付き合わせている。

⑤ 偶然を装わなければW君と会えないとまで思っていたが、これまで事情を誤魔化してきたために、今更妻に本当のことを打ち明けることもできず、回りくどいやり方で様子を窺う機会を作ろうとしている。

**問6**　次に示す【資料】は、この文章（加能作次郎「羽織と時計」）が発表された当時、新聞紙上に掲載された批評（評者は宮島新三郎、原文の仮名遣いを改めてある）の一部である。これを踏まえた上で、後の(i)・(ii)の問いに答えよ。

**【資料】**

今までの氏は生活の種々相を様々な方面から多角的に描破（注1）して、其処《そこ》から或るものを浮き上《あが》らせようとした点があったし、又そうすることに依《よ》って作品の効果を強大にするという長所を示していたように思う。見た儘《まま》、有りの儘を刻明に描写する——其処に氏の有する大きな強味がある。由来（注2）氏はライフの一点だけを覘《ねら》って作をするというような所謂《いわゆる》『小話《こばなし》』作家の面影は有《も》っていなかった。

それが『羽織と時計』になると、作者が本当の泣き笑いの悲痛な人生を描こうとしたものか、それとも単に羽織と時計に伴う思い出を中心にして、ある一つの興味ある覘いを、否一つのおちを物語ってでもやろうとしたのか分《わか》らない程謂《い》う所の小話臭味の多過ぎた嫌いがある。若《も》し此《この》作品から小話臭味を取去《とり》ったら、即《すなわ》ち羽織と時計とに作者が関心し過ぎなかったら、そして飽くまでも『私』の見たW君の生活、W君の病気、それに伴う陰鬱な、悲惨な境遇を如実に描いたなら、一層感銘の深い作品になったろうと思われる。羽織と時計とに執し過ぎた（注3）ことは、この作品をユーモラスなものにする助けとはなったが、作品の効果を増す力にはなって居ない。私は寧《むし》ろ忠実なる生活の再現者としての加能氏に多くの尊敬を払っている。

宮島新三郎「師走文壇の一瞥《いちべつ》」（『時事新報』一九一八年一二月七日）

（注）
1　描破——あまさず描きつくすこと。
2　由来——元来、もともと。
3　執し過ぎた——「執着し過ぎた」という意味。

(i)　【資料】の二重傍線部に「羽織と時計とに執し過ぎたことは、この作品をユーモラスなものにする助けとはなったが、作品の効果を増す力にはなって居ない。」とあるが、それはどのようなことか。評者の意見の説明として最も適当なものを、次の①～④のうちから一つ選べ。解答番号は 20 。

① 多くの挿話からW君の姿を浮かび上がらせようとして、W君の描き方に予期せぬぶれが生じている。

② 実際の出来事を忠実に再現しようと意識しすぎた結果、W君の悲痛な思いに寄り添えていない。

③ 強い印象を残した思い出の品への愛着が強かったために、W君の一面だけを取り上げ美化している。

④ 挿話の巧みなまとまりにこだわったため、W君の生活や境遇の描き方が断片的なものになっている。

(ii)　【資料】の評者が着目する「羽織と時計」は、表題に用いられるほかに、「羽織と時計――」という表現として本文中にも用いられている(43行目、53行目)。この繰り返しに注目し、評者とは異なる見解を提示した内容として最も適当なものを、次の①～④のうちから一つ選べ。解答番号は 21 。

① 「羽織と時計――」という表現がそれぞれ異なる状況において自問自答のように繰り返されることで、かつてのようにはW君を信頼できなくなっていく「私」の動揺が描かれることを重視すべきだ。

② 複雑な人間関係に耐えられず生活の破綻を招いてしまったW君のつたなさが、「羽織と時計――」という余韻を含んだ表現で哀惜の思いをこめて回顧されていることを重視すべきだ。

③ 「私」の境遇の変化にかかわらず繰り返し用いられる「羽織と時計――」という表現が、好意をもって接していた「私」に必死で応えようとするW君の思いの純粋さを想起させることを重視すべきだ。

④ 「羽織と時計――」という表現の繰り返しによって、W君の厚意が皮肉にも自分をかえって遠ざけることになった経緯について、「私」が切ない心中を吐露していることを重視すべきだ。

〔二〇二一年度本試験第1日程第2問〕

# 演習問題5

## 解答解説

**解答**

問1　(ア)＝②　(イ)＝②　(ウ)＝①（9点・各3点）　問2　③（6点）　問3　①（7点）
問4　①（8点）　問5　⑤（8点）　問6　(i)＝④（6点）　(ii)＝④（6点）

**出典**

**加能作次郎「羽織と時計」**（荒川洋治編『世の中へ 乳の匂い―加能作次郎作品集』講談社文芸文庫）
**宮島新三郎「師走文壇の一瞥」**（『時事新報』一九一八年十二月七日）

加能作次郎（一八八五〜一九四一年）は小説家。石川県生まれ。十三歳のとき家を出奔し、京都の伯父のもとで丁稚奉公する。その後いったん郷里に戻るものの、文学を志して上京し、早稲田大学英文科を卒業する。卒業後は編集者として働くかたわら、旺盛な創作活動を展開。代表作に『世の中へ』『若き日』『微光』『このわた集』がある。「羽織と時計」は一九一八年（大正七年）、文芸雑誌『新潮』十二月号に発表された。「W・B君を弔う」という副題が付く。文庫本で二十四ページの短編小説で、三部に分かれる。本文はその第二部の少し進んだ所から始まる。第一部では疎遠になっていたW君の訃報の葉書が届いたことが、また第三部では羽織袴に時計を携帯して、W君の妻のもとへ弔いに行ったことが語られる。作者の体験に基づいており、全体を通して陰鬱な雰囲気に満ちている。

宮島新三郎（一八九二〜一九三四年）は英文学者・文芸評論家。埼玉県出身。早稲田大学英文科卒業。同大学の教授となり、各国の文学の翻訳を行うほか、日本文学の批評も行った。

## 段落要旨

本文を四つの部分に分けて内容をまとめよう。

**1**

**羽二重の羽織**　1～28行目（春になって、陽気が…）　※問２・問６

**W君**が病気見舞いのお礼として、生活が苦しいにもかかわらず、羽二重の紋付の羽織を拵えてくれた。**私**は初めて礼服というものを持つことになったが、その羽織を着るたびに**W君**のことを思い出さずにはいなかった。

**2**

**懐中時計**　29～44行目（その後、社に改革があって…）　※問３・問６

**私**が社を辞めるとき、**W君**が奔走して社の同人から醵金を募り高価な懐中時計を贈ってくれた。**私**は**W君**に対して感謝の念に打たれると同時に、ある重い圧迫を感じずにはいられなかった。

**3**

**羽織と時計の恩恵的債務感**　46～73行目（××社を出てから以後…）　※問４・問６

**私**は社の元同僚から、**W君**が退職してパン菓子屋を始め、自身は病床に就いていると聞かされた。**私**は見舞いに行かなければならないと思いながらつい億劫になった。羽織と時計、この二つのために常に**W君**から恩恵的債務を負っているように感じられ、**W君**の家の敷居が高く思われた。それには**彼の妻**の眼を恐れる気持ちもあずかっていた。

**4**

**W君の店**　74～80行目（そんなことを思いながら…）　※問５・問６

**私**は妻子を連れて**W君**の店の前を通り、**妻**に餡パンを買わせるのを口実に、向かい側の道から店の様子をうかがったが、**彼の妻**の姿は見えなかった。それ以来、**私**は一度もその店の前を通らなかった。

### 語句

**織元**＝織物の製造元。
**羽目**＝成り行きから生じた、困った状況。
**奔走**＝物事がうまくいくように、あちこち駆け回って努力すること。
**懐中時計**＝ポケットなどに入れて持ち歩く、小型の携帯用時計。
**厚意**＝思いやりのある心。厚情。「好意（＝人に親しみを感じたり好ましく思ったりする気持ち）」と区別する。
**邪推**＝他人の心や好意を悪く推量すること。
**融通**＝必要な金や物を都合すること。
**敷居が高い**＝不義理や面目のないことがあって、その人の家へ行きにくい。また、高級すぎたり上品すぎたりして、その店に入りにくいこともいう。
**無沙汰**＝訪問や音信が絶えて久しいこと。
**しらばくれる**＝知っていて知らないふりをする。

## 解説

### 問1　やや易　13〜15　正解は　(ア)＝②　(イ)＝②　(ウ)＝①

(ア)「術」は「ジュツ」と音読みすると、「技術」「芸術」「手術」などの熟語がそうであるように〝わざ。技芸〟の意と、「術策」「戦術」「秘術」などの熟語がそうであるように〝方法。手段〟の意をもつ。ところがこれを「すべ」と訓読みすると後者の意に限定され、「なす術がない」「術も知らない」などと否定表現で用いられることが多い。よって

「手立て」とある②が正解となる。①の「理由」、③の「義理」、④の「気持ち」、⑤の「はず」はいずれも不適となる。

(イ)「言いはぐれる」は「言う」と「はぐれる」の二つの動詞が合成してできた複合動詞である。このうち「はぐれる」には、「群れにはぐれる」「仕事にはぐれる」など〝連れの人や仲間とはなればなれになる。その機会をのがす〟の意と、動詞の連用形に付いて、「食いはぐれる」「代金を取りはぐれる」など〝～する機会を失う〟の意とがある。よって「言いはぐれる」は〝言う機会を失う。言いそびれる〟の意となり②が正解。①の「必要を感じない」、③の「忘れ」、④の「気になれなく」、⑤の「べきでない」はいずれも不適。

(ウ)「足が遠くなる」は「足が遠のく」と同じく、〝今までよく行っていた所に行かなくなる〟の意。直後の文にも「つい億劫になるのであった」とあるように、交通手段がないために行けなくなったというような物理的な理由からではなく、人間関係が疎遠になるといった心理的な理由から行かなくなるというニュアンスを含み持つ。よって①が正解となる。④は物理的な理由に該当するので不適。他は語義的に不適。

## 問2　標準　16　正解は③

傍線部の心情を問う設問。「擽《くす》ぐる」は〝皮膚を軽く刺激してむずむずしたり笑いだしたりする感覚を与える〟が原義。ここから〝人の心を軽く刺激してそわそわさせたり、いい気持ちにさせたりする〟という心理的な意味が派生した。例えば「自尊心をくすぐる」「虚栄心をくすぐる」「母性本能をくすぐる」などと使う。本文では「ような（ようだ）」という比喩を表す助動詞が付くため前者の意（原義）になるが、「思」とあるように全体の文脈としては後者（派生した意味）になる。そこで15行目以下に着眼する。「私」がW君から病気見舞いの返礼として羽二重の紋付の羽織を拵えてもらったところ、妻がそれをしきりに褒める。妻は「私」が結婚の折に拵えたものと信じていて、「私」はW君から貰ったということをつい言いそびれている、というもの。傍線部はそんな、妻に羽織を褒められたことに対するうれしさと、真相を言わずに「誤魔化して」（傍線部直後）いることによる、気が咎める思いとの入り交じった思いを表している。よって傍線部の心情を次のように説明できる。

羽織を褒められたうれしさと、誤魔化したことによる気の咎めの入り交じった思い

選択肢は「擽ぐられるような」という比喩をふまえれば、「落ち着かない気持ち」とある③が正解とわかる。「ほめられたうれしさ」「本当のことを告げていない後ろめたさ」とあるのも右に検討した内容に合致する。

① 「笑い出したいような気持ち」が不適。単に「擽ぐる」の原義をふまえた説明になっている。

② 「自慢に思い」とは書かれていない。「不安になっている」も「擽ぐられる」のニュアンスに合わない。

④ 「自分の服装に関心を寄せてくれること」が「うれし」さの理由ではない。「物足りなく」も「擽ぐられる」の意に合わない。

⑤ 「打ち明けてみたい衝動」「自分を侮っている妻への不満」のいずれも本文から読み取れない。

## 問3　標準　17　正解は①

傍線部の内容を問う設問。本問は内容説明問題なので、傍線部の「やましい」「気恥しい」「重苦しい」の三つの形容詞の意味内容を明らかにする。まず29行目以下の筋をたどると、「私」は出版社を退社した折、W君が奔走して集めたお金で懐中時計を贈ってもらう。「私」はそれに感謝しつつも、そのことでW君が同人に非難されたり皮肉を言われたりしていると知ってW君を気の毒に思ったというもの。傍線部直前の「感謝の念」にはこのような思いが込められている。そこで傍線部を検討しよう。まず「やましい」と「気恥しい」について。前者は〝良心がとがめる。後ろめたい〟、後者は〝何となく恥ずかしい。きまりが悪い〟の意である。直前文に「私の身についたものの中で最も高価なもの」とあるように、いずれも分不相応なものを身につけることで生まれる感情である。次に「重苦しい」について。これは

〝押さえつけられるようで息苦しい。気分が晴々しない〟の意である。42行目にも「或る重い圧迫」という類似の表現がある。「私」はこれについて「訳のわからぬ」（傍線部）と、自分でも判然としない思いを抱いている。それが明らかになるのが53行目以下である。この行にも43行目と同じ「羽織と時計――」という表現が使われていることに注意しよう。さらに続けて読むと、55行目に「W君から恩恵的債務を負うて居るように感ぜられた」「この債務に対する自意識」とある。これはW君から**特別な恩恵を受けていることに対する心理的負担が、強迫観念のように心を悩ませること**を言ったものである。以上の検討をもとに傍線部を次のように説明できる。

**高価なものをもらって後ろめたくもきまりが悪くもあり、W君に対する心理的負担に悩まされてもいる**

選択肢は「重苦しい感情」＝「恩恵的債務」と理解すれば、「自分を厚遇しようとするW君の熱意を過剰なものに感じてとまどっている」とある①が正解とわかる。「自分には到底釣り合わない」とあるのは「やましい」「気恥しい」感情をふまえている。

② 「さしたる必要を感じていなかった」が不適。32行目の「私は時計を持って居なかったので」に矛盾する。また「評判を落としたこと」が「重苦しい感情」の内実ではない。

③ 「味をしめ」「欲の深さを恥じており」が不適。本文に書かれていない。「W君へ向けられた批判をそのまま自分にも向けられたものと受け取っている」とも書かれていない。「重苦しい感情」の説明としても不適。

④ 「情けなく感じており」とは書かれていない。「W君の厚意にも自分へ向けられた哀れみを感じ取っている」とあるのも読み取れない。

⑤ 「W君に対する申し訳なさ」は「感謝の念」に含まれるので、ここで持ち出すのは不適となる。また「見返りを期待する底意（＝下心）」も読み取れない。

□□
## 問4　標準　18　正解は①

傍線部の理由を問う設問。直前の部分で、W君に「恩恵的債務」を負うているためにW君を訪ねることができなかったという趣旨のことが記されている。傍線部はこれをふまえて、「彼の妻君の眼を恐れた」とさらに話を展開させている。そして以下、「私」がW君の尽力によってもらった時計と羽織に関して彼の妻の眼を過剰に意識する様子が描かれる。特に「随分薄情な方ね、あれきり一度も来なさらない」（62行目）、「羽織や時計などを進げたりして、こちらでは尽すだけのことは尽してあるのに」（64・65行目）という箇所からは、W君の妻の存在によって「恩恵的債務」感がいっそう膨らみ、無沙汰をひどく非難されているのではないかと恐れる様子が読み取れる。ゆえに「私は逃げよう逃げようとした」（67行目）わけである。以上より傍線部の理由を次のように説明できる。

時計と羽織の債務感がいっそう募り、無沙汰を非難されているように感じたから

選択肢は文末を検討して、「自分の冷たさを責められるのではないかと悩んでいる」とある①と、「妻君には顔を合わせられないと悩んでいる」とある⑤に絞る。正解は①で、「厚意をもって」「見舞に駆けつけなくてはいけない」「疎遠になってしまい」と無難に説明している。

② 「彼の恩義に酬いる番だと思う」が不適。読み取れない。また「経済的に助けられない」から「妻君には申し訳ない」というような謝罪の意識も不適となる。

③ 「偽善（＝うわべをいかにも善人らしく見せかけること）的な態度」が不適。「素直な自由な気持に」なれば「時々W君を訪れることが出来たであろう」（54行目）とあることから、「偽善」ではなく、心からW君を心配して訪ねたいと思っていたと読み取れる。

④ 「（W君が自分を）頼りにもしている」とは読み取れない。また「妻君の前では卑屈にへりくだらねばならない」とも読み取れない。よって「疎ましくも感じている」も誤りとなる。

⑤「立派な人間と評価してくれたことに感謝の気持ちを持っている」とは読み取れない。また「自分だけが幸せになっている」ことも書かれていない。

## 問5　標準　19　正解は⑤

**傍線部の行動の意図**を問う設問。傍線部は、「私」が妻子を連れてW君の家の前を通り、中の様子を探ろうとする場面の一節で、事情を知らない妻にW君の店で餡パンを買わせている。そこで直前の「そんなことを思いながら」（74行目）に着眼しよう。これは67行目以下の「私」の心情描写の部分を指している。この部分で「私」は、W君の家を直接訪ねるのは気が重いので、路上で「偶然」（67行目）彼の妻や従妹に出会って**家を訪ねる口実を得ることを想像している**。傍線部直後でも「全く偶然の様に、妻君なり従妹なりに遇おうという微かな期待をもって居た」と、同じ期待を抱いていることが記される。このような「私」のもくろみが傍線部から読み取れる。でもこのもくろみは失敗し、「私」はとうとうW君には会えず、その後、彼の訃報に接することとなるというように話は展開する（146ページ出典参照）。

以上より傍線部の意図を次のように説明できる。

**偶然を装ってW君の妻か従妹に会ってW君の様子を探りたいという意図**

選択肢は文末に「作為的な振る舞い」とある①、「自分の家族まで付き合わせている」とある④、「回りくどいやり方で様子を窺う機会を作ろうとしている」とある⑤に絞る。そしてキーワードの「偶然」を決め手に⑤を選択すればよい。「これまで事情を誤魔化してきた」「今更妻に本当のことを打ち明けることもできず」も内容的に合致している。

①　問3でみた傍線部Bに「やましいような」とはあるが、「罪悪感」とまでは言えない。「自分たち家族の暮らし向きが好転した」とも書かれていない。よって「かつてのような質素な生活を演出」とあるのも的外れな説明となる。

②　「その悩みを悟られまいとして妻にまで虚勢を張る（＝自分の弱みを隠して、外見だけは威勢のいいふりをする）

はめになっている」が不適。読み取れない。

③　厚意に応えたいというのはその通りだが、72行目に「かなり立派なものを持って見舞に行こう」とあるように、餡パンを買うだけでは応えたことにならない。妻に餡パンを買わせるのは中の様子を探るためである。

④　「W君の家族との間柄がこじれてしまった」が不適。書かれていない。W君の妻の「私」に対する不満・非難はあくまでも「私」の想像の域を出ない。よって「どうにかしてその誤解を解こうとして稚拙な振る舞いに及ぶ」とあるのも誤った説明となる。

## 問6　やや難　20・21　正解は　(i)＝④　(ii)＝④　複数資料　文章全体

**本文と資料とを関連づけて考察させる**設問。まず資料の内容を確認しよう。設問文によると、この資料は『羽織と時計』が発表された当時の批評文の一部である。評者は、作者加能作次郎の従来の小説は「生活の種々相を様々な方面から多角的に描破し」、「見た儘、有りの儘を刻明に（＝写実的に）描写する」ところに特長があったと讃辞を述べた後、『羽織と時計』は単にこの二つの品物にまつわるエピソードを物語ることが中心となっていて、「小話臭味の多過ぎた嫌い（＝好ましくない傾向）がある」と批判している。そして「W君の生活、W君の病気、それに伴う陰鬱な、悲惨な境遇を如実に描いたなら、一層感銘の深い作品になったろう」と残念がっている。これは人間の悲惨さ・醜さ・性欲などをあからさまに描くことをよしとする、**日本的な自然主義文学の立場に立った評言**と言える。以上の事柄を確認したうえで二重傍線部をみると、「**ユーモラス**」とあるのは、「私」がW君の妻の眼を過剰に意識してあれこれとつまらないことを想像する場面を言ったものと思われる。また「**作品の効果**」とは右に引用したように、W君の悲惨な境遇を克明に描くことで感銘深い作品となることを言ったものである。

(i)　**二重傍線部の内容**を問う。羽織と時計への執着が滑稽感を漂わせるものの、W君の境遇の悲惨さが描写しきれていないというのがその内容である。選択肢を一つ一つ見ていこう。

①不適。「多くの挿話から」とは右の「多角的に描破し」を言ったもので、この作品には該当しない。「予期せぬぶれ」とあるのも根拠がない。

②不適。「忠実に再現しようと意識しすぎた」とは右の「見た儘、有りの儘を刻明に描写する」を言ったもので、この作品には該当しない。W君の「思いに寄り添えていない」も誤りとなる。

③不適。「愛着」が53行目の「この二つが、W君と私とを遠ざけた」、55行目の「恩恵的債務」に合致せず、評者の意見とはならない。「愛着」と「執着」の違いにも注意すること。また「美化している」とは述べられていない。

④適当。「挿話」とは羽織と時計のエピソードを言う。「W君の生活や境遇の描き方が断片的なものになっている」とは、部分的に触れられているだけで写実性が不足しているということ。

(ii)　**資料をふまえた発展的な事柄**を問う。「羽織と時計――」という表現に着目させる。消去法で解く。

①不適。「異なる状況」とあるのは、43行目が「私」の転職直後、53行目がW君の退社後ということを考えれば妥当である。しかし「W君を信頼できなくなっていく『私』の動揺」は描かれていない。

②不適。「複雑な人間関係に耐えられず」とあるが、W君が退社したのは病気が原因である。また妻子と従妹と暮らしているとはいえ、その人間関係がW君を悩ませたとは書かれていない。

③不適。「W君の思いの純粋さを想起させる」とあるが、「重苦しい感情」（44行目）、「恩恵的債務」（55行目）とあるように、羽織と時計は「私」とW君の関係を疎遠にするものとして捉えられている。

④適当。「自分をかえって遠ざけることになった」「切ない心中を吐露（＝思いを打ち明けること）している」と無難に説明している。**羽織と時計を評者が単なる「小話」と否定的に評価するのに対して、**この選択肢は、**厚意によるこれらの品物のために人間関係に溝ができるという、人生の一断面を切り取ったもの**として肯定的に評価している。

# 演習問題6

**問題**　次の文章は、黒井千次《くろいせんじ》「庭の男」（一九九一年発表）の一節である。「私」は会社勤めを終え、自宅で過ごすことが多くなっている。隣家（大野家）の庭に息子のためのプレハブ小屋が建ち、そこに立てかけられた看板に描かれた男が、「私」の自宅のダイニングキチン（キッチン）から見える。その存在が徐々に気になりはじめた「私」は、看板のことを妻に相談するなかで、自分が案《か》山子《かし》をどけてくれと頼んでいる雀《すずめ》のようだと感じていた。以下はそれに続く場面である。これを読んで、後の問い（問1〜5）に答えよ。（配点　50）

≫ 目標時間　20分

立《たて》看板をなんとかするよう裏の家の息子に頼んでみたら、という妻の示唆を、私は大真面目で受け止めていたわけではなかった。落着《おちつ》いて考えてみれば、その理由を中学生かそこらの少年にどう説明すればよいのか見当もつかない。相手は看板を案山子などとは夢にも思っていないだろうから、雀の論理は通用すまい。ただあの時は、妻が私の側に立ってくれたことに救われ、気持ちが楽になっただけの話だった。いやそれ以上に、男と睨《にら》み合った時、なんだ、お前は案山子ではないか、と言ってやる僅かなゆとりが生れるほどの力にはなった。裏返されればそれまでだぞ、と窓の中から毒突くのは、一方的に見詰められるのみの関係に比べればまだましだったといえる。

しかし実際には、看板を裏返す手立てが摑《つか》めぬ限り、いくら毒突いても所詮空威張りに過ぎぬのは明らかである。そして裏の男は、私のそんな焦りを見透《みすか》したかのように、前にもまして帽子の広いつばの下の眼に暗い光を溜《た》め、こちらを凝視して止《や》まなかった。流しの窓の前に立たずとも、あの男が見ている、との感じは肌に伝わった。暑いのを我慢して南側の子供部屋で本を読んだりしていると、すぐ隣の居間に男の視線の気配を覚えた。そうなると、本を伏せてわざわざダイニングキチンまで出向き、あの男がいつもと同じ場所に立っているのを確かめるまで落着けなかった。

隣の家に電話をかけ、親に事情を話して看板をどうにかしてもらう、という手も考えた。少年の頭越しのそんな手段はフェアではないだろう、との意識も働いたし、その前に親を納得させる自信がない。もしも納得せぬまま、ただこちらとのいざこざを避けるために親が看板を除去してくれたとしても、相手の内にいかなる疑惑が芽生えるかは容易に想像がつく。あの家には頭のおかしな人間が住んでいる、そんな噂《うわさ》を立てられるのは恐ろしかった。

ある夕暮れ、それは妻が家に居る日だったが、日が沈んで外が少し涼しくなった頃、散歩に行くぞ、と裏の男に眼で告げて玄関を出た。家を離れて少し歩いた時、町会の掲示板のある角を曲って来る人影に気がついた。迷彩色のシャツをだらしなくジーパンの上に出し、俯《うつむ》きかげんに道の端をのろのろと近づいて来る。まだ育ち切らぬ柔らかな骨格と、無理に背伸びした身なりとのアンバランスな組合せがおかしかった。細い首に支えられた坊主頭がふと上り、またすぐに伏せられた。**A**隣の少年だ、と思うと同時に、私はほとんど無意識のように道の反対側に移って彼の前に立っていた。

「ちょっと」

声を掛けられた少年は怯《おび》えた表情で立ち止《どま》り、それが誰かわかると小さく頷《うなず》く仕種《しぐさ》で頭だけ下げ、私を避けて通り過ぎようとした。

「庭のプレハブは君の部屋だろう」

何か曖昧な母音を洩《も》らして彼は微《かす》かに頷いた。

「あそこに立てかけてあるのは、映画の看板かい」

細い眼が閉じられるほど細くなって、警戒の色が顔に浮かんだ。

「素敵な絵だけどさ、うちの台所の窓の真正面になるんだ。置いてあるだけなら、あのオジサンを横に移すか、裏返しにするか――」

そこまで言いかけると、相手は肩を聳《そび》やかす身振りで歩き出そうとした。

「待ってくれよ、頼んでいるんだから」

肩越しに振り返る相手の顔は無表情に近かった。

「もしもさ――」

追おうとした私を振り切って彼は急ぎもせずに離れて行く。

「ジジイ――」

吐き捨てるように彼の俯いたまま低く叫ぶ声がはっきり聞えた。少年の姿が大野家の石の門に吸い込まれるまで、私はそこに立ったまま見送っていた。

ひどく後味の悪い夕刻の出来事を、私は妻に知られたくなかった。少年から見れば我が身が碌《ろく》な勤め先も持たぬジジイであることに間違いはなかったろうが、一応は礼を尽《つ》くして頼んでいるつもりだったのだから、中学生の餓鬼にそれを無視され、罵られたのは身に応えた。B身体の底を殴られたような厭《いや》な痛みを少しでも和らげるために、こちらの申し入れが理不尽なものであり、相手の反応は無理もなかったのだ、と考えてみようともした。謂《いわ》れもない内政干渉として彼が憤る気持ちもわからぬではなかった。しかしそれなら、彼は面を上げて私の申し入れを拒絶すればよかったのだ。所詮当方は雀の論理しか持ち合わせぬのだから、黙って引き下《さが》るしかないわけだ。その方が私もまだ救われたろう。

無視と捨台詞《すてぜりふ》にも似た罵言とは、彼が息子よりも遥《はる》かに歳《とし》若い少年だけに、やはり耐え難かった。

夜が更けてクーラーをつけた寝室に妻が引込んでしまった後も、私は一人居間のソファーに坐《すわ》り続けた。穏やかな鼾《いびき》が寝室の戸の隙間を洩《も》れて来るのを待ってから、大型の懐中電灯を手にしてダイニングキチンの窓に近づいた。もしや、という淡い期待を抱いて隣家の庭を窺《うかが》った。手前の木々の葉越しにプレハブ小屋の影がぼうと白く漂うだけで、庭は闇に包まれている。網戸に擦《こす》りつけるようにして懐中電灯の明《あか》りをともした。光の環《わ》の中に、きっと私を睨《にら》み返す男の顔が浮かんだ。闇に縁取られたその顔は肌に血の色さえ滲《にじ》ませ、昼間より一層生々しかった。

「馬鹿奴《め》」

呟《つぶや》く声が身体にこもった。暗闇に立つ男を罵っているのか、夕刻の少年に怒りをぶつけているのか、自らを嘲っているのか、自分でもわからなかった。懐中電灯を手にしたまま素早く玄関を出た。土地ぎりぎりに建てた家の壁と塀の間を身体を斜めにしてすり抜ける。建築法がどうなっているのか識《し》らないが、もう少し肥《ふと》れば通ることの叶《かな》わぬ僅かな隙間だった。ランニングシャツ一枚の肩や腕にモルタル(注)のざらつきが痛かった。

東隣との低い生垣《いけがき》に突き当《あた》り、檜葉《ひば》の間を強引に割ってそこを跨《また》ぎ越し、我が家のブロック塀の端を迂回《うかい》すると再び大野家との生垣を掻《か》き分けて裏の庭へと踏み込んだ。乾いた小さな音がして枝が折れたようだったが、気にかける余裕はなかった。

繁みの下の暗がりで一息つき、足許《あしもと》から先に懐中電灯の光をさっと這《は》わせてすぐ消した。右手の母屋も正面のプレハブ小屋も、明りは消えて闇に沈んでいる。身を屈《かが》めたまま手探りに進み、地面に雑然と置かれている小さなベンチや傘立てや三輪車をよけて目指す小屋の横に出た。

男は見上げる高さでそこに平たく立っていた。光を当てなくとも顔の輪郭は夜空の下にぼんやり認められた。そんなただの板と、窓から見える男が同一人物とは到底信じ難かった。これではあの餓鬼に私の言うことが通じなかったとしても無理はない。案山子にとまった雀はこんな気分がするだろうか、と動悸《どうき》を抑えつつも苦笑した。

しかし濡《ぬ》れたように滑らかな板の表面に触れた時、指先に厭な違和感が走った。それがベニヤ板でも紙でもなく、硬質のプラスチックに似た物体だったからだ。思わず懐中電灯をつけてみずにはいられなかった。果《はた》して断面は分厚い白色で、裏側に光を差し入れるとそこには金属の補強材が縦横に渡されている。人物の描かれた表面処理がいかなるものかまでは咄嗟《とっさ》に摑めなかったが、それが単純に紙を貼りつけただけの代物ではないらしい、との想像はついた。雨に打たれて果無《はかな》く消えるどころか、これは土に埋められても腐ることのないしたたかな男だったのだ。

それを横にずらすか、道に面した壁に向きを変えて立てかけることは出来ぬものか、と持ち上げようとした。相手は根が生えたかの如《ごと》く動かない。これだけの厚みと大きさがあれば体重もかなりのものになるのだろうか。力の入れやすい手がかりを探ろうとして看板の縁を辿《たど》った指が何かに当った。太い針金だった。看板の左端にあけた穴を通して、針金は小屋の樋《とい》としっかり結ばれている。同じような右側の針金の先は、壁に突き出たボルトの頭に巻きついていた。その細工が左右に三つずつ、六ヵ所にわたって施されているのを確かめると、最早《もはや》男を動かすことは諦めざるを得なかった。夕暮れの少年の細めた眼を思い出し、理由はわからぬものの、C あ奴《やつ》はあ奴でかなりの覚悟でことに臨んでいるのだ、と認めてやりたいような気分がよぎった。

（注）モルタル――セメントと砂を混ぜ、水で練り合わせたもの。タイルなどの接合や、外壁の塗装などに用いる。

**問1**　傍線部**A**「隣の少年だ、と思うと同時に、私はほとんど無意識のように道の反対側に移って彼の前に立っていた。」とあるが、「私」をそのような行動に駆り立てた要因はどのようなことか。その説明として適当なものを、次の①～⑥のうちから**二つ**選べ。ただし、解答の順序は問わない。解答番号は 12 ・ 13 。

① 親が看板を取り除いたとしても、少年にどんな疑惑が芽生えるか想像し恐ろしく思っていたこと。
② 少年を差し置いて親に連絡するような手段は、フェアではないだろうと考えていたこと。
③ 男と睨み合ったとき、お前は案山子ではないかと言ってやるだけの余裕が生まれていたこと。
④ 男の視線を感じると、男がいつもの場所に立っているのを確かめるまで安心できなかったこと。
⑤ 少年の発育途上の幼い骨格と、無理に背伸びした身なりとの不均衡をいぶかしく感じていたこと。
⑥ 少年を説得する方法を思いつけないにもかかわらず、看板をどうにかしてほしいと願っていたこと。

問２　傍線部Ｂ「身体の底を殴られたような厭な痛み」とはどのようなものか。その説明として最も適当なものを、次の①～⑤のうちから一つ選べ。解答番号は 14 。

① 頼みごとに耳を傾けてもらえないうえに、話しかけた際の気遣いも顧みられず一方的に暴言を浴びせられ、存在が根底から否定されたように感じたことによる、解消し難い不快感。

② 礼を尽くして頼んだにもかかわらず少年から非難され、自尊心が損なわれたことに加え、そのことを妻にも言えないほどの汚点だと捉えたことによる、深い孤独と屈辱感。

③ 分別のある大人として交渉にあたれば、説得できると見込んでいた歳若い相手から拒絶され、常識だと信じていたことや経験までもが否定されたように感じたことによる、抑え難いいら立ち。

④ へりくだった態度で接したために、少年を増長させてしまった一連の流れを思い返し、看板についての交渉が絶望的になったと感じたことによる、胸中をえぐられるような癒し難い無念さ。

⑤ 看板について悩む自分に、珍しく助言してくれた妻の言葉を真に受け、幼さの残る少年に対して一方的な干渉をしてしまった自分の態度に、理不尽さを感じたことによる強い失望と後悔。

**問3**　傍線部**C**「あ奴はあ奴でかなりの覚悟でことに臨んでいるのだ、と認めてやりたいような気分がよぎった」における「私」の心情の説明として最も適当なものを、次の①～⑤のうちから一つ選べ。解答番号は 15 。

① 夜中に隣家の庭に忍び込むには決意を必要としたため、看板を隣家の窓に向けて設置した少年も同様に決意をもって行動した可能性に思い至り、共感を覚えたことで、彼を見直したいような気持ちが心をかすめた。

② 隣家の迷惑を顧みることなく、看板を撤去し難いほど堅固に設置した少年の行動には、彼なりの強い思いが込められていた可能性があると気づき、陰ながら応援したいような新たな感情が心をかすめた。

③ 劣化しにくい素材で作られ、しっかり固定された看板を目の当たりにしたことで、少年が何らかの決意をもってそれを設置したことを認め、その心構えについては受け止めたいような思いが心をかすめた。

④ 迷惑な看板を設置したことについて、具体的な対応を求めるつもりだったが、撤去の難しさを確認したことで、この状況を受け入れてしまったほうが気が楽になるのではないかという思いが心をかすめた。

⑤ 看板の素材や設置方法を直接確認し、看板に対する少年の強い思いを想像したことで、彼の気持ちを無視して一方的に苦情を申し立てようとしたことを悔やみ、多少なら歩み寄ってもよいという考えが心をかすめた。

問4　本文では、同一の人物や事物が様々に呼び表されている。それらに着目した、後の(i)・(ii)の問いに答えよ。

(i)　隣家の少年を示す表現に表れる「私」の心情の説明として最も適当なものを、次の①～⑤のうちから一つ選べ。解答番号は 16 。

① 当初はあくまで他人として「裏の家の息子」と捉えているが、実際に遭遇した少年に未熟さを認めたのちには、「息子よりも遥かに歳若い少年」と表して我が子に向けるような親しみを抱いている。

② 看板への対応を依頼する少年に礼を尽くそうとして「君」と声をかけたが、無礼な言葉と態度を向けられたことで感情的になり、「中学生の餓鬼」「あの餓鬼」と称して怒りを抑えられなくなっている。

③ 看板撤去の交渉をする相手として、少年とのやりとりの最中はつねに「君」と呼んで尊重する様子を見せる一方で、少年の外見や言動に対して内心では「中学生の餓鬼」「あの餓鬼」と侮っている。

④ 交渉をうまく進めるために「君」と声をかけたが、直接の接触によって我が身の老いを強く意識させられたことで、「中学生の餓鬼」「息子よりも遥かに歳若い少年」と称して彼の若さをうらやんでいる。

⑤ 当初は親の方を意識して「裏の家の息子」と表していたが、実際に遭遇したのちには少年を強く意識し、「中学生の餓鬼」「息子よりも遥かに歳若い少年」と彼の年頃を外見から判断しようとしている。

(ii)　看板の絵に対する表現から読み取れる、「私」の様子や心情の説明として最も適当なものを、次の①～④のうちから一つ選べ。解答番号は 17 。

①　「私」は看板を「裏の男」と人間のように意識しているが、少年の前では「映画の看板」と呼び、自分の意識が露呈しないように工夫する。しかし少年が警戒すると、「素敵な絵」とたたえて配慮を示した直後に「あのオジサン」と無遠慮に呼んでおり、余裕をなくして表現の一貫性を失った様子が読み取れる。

②　「私」は看板について「あの男」「案山子」と比喩的に語っているが、少年の前では「素敵な絵」と大げさにたたえており、さらに、少年が憧れているらしい映画俳優への敬意を全面的に示すように「あのオジサン」と呼んでいる。少年との交渉をうまく運ぼうとして、プライドを捨てて卑屈に振るまう様子が読み取れる。

③　「私」は妻の前では看板を「案山子」と呼び、単なる物として軽視しているが、少年の前では「素敵な絵」とたたえ、さらに「あのオジサン」と親しみを込めて呼んでいる。しかし、少年から拒絶の態度を示されると、「看板の絵」「横に移す」「裏返しにする」と物扱いしており、態度を都合よく変えている様子が読み取れる。

④　「私」は看板を「裏の男」「あの男」と人間に見立てているが、少年の前でとっさに「映画の看板」「素敵な絵」と表してしまったため、親しみを込めながら「あのオジサン」と呼び直している。突然訪れた少年との直接交渉の機会に動揺し、看板の絵を表する言葉を見失い慌てふためいている様子が読み取れる。

**問5**　Nさんは、二重傍線部「案山子にとまった雀はこんな気分がするだろうか、と動悸を抑えつつも苦笑した。」について理解を深めようとした。まず、国語辞典で「案山子」を調べたところ季語であることがわかった。そこでさらに、歳時記（季語を分類して解説や例句をつけた書物）から「案山子」と「雀」が詠まれた俳句を探し、これらの内容を【ノート】に整理した。このことについて、後の(i)・(ii)の問いに答えよ。

【ノート】

●国語辞典にある「案山子」の意味

㋐竹や藁《わら》などで人の形を造り、田畑に立てて、鳥獣が寄るのをおどし防ぐもの。とりおどし。［季語・秋］。

㋑見かけばかりもっともらしくて、役に立たない人。

（出典追記：『広辞苑』岩波書店）

●歳時記に掲載されている［案山子と雀の俳句］

ⓐ「案山子立つれば群雀空にしづまらず」（飯田蛇笏《だこつ》）

ⓑ「稲雀追ふ力なき案山子かな」（高浜年尾）

ⓒ「某《それがし》は案山子にて候《そうろう》　雀殿」（夏目漱石）

●解釈のメモ

ⓐ遠くにいる案山子に脅かされて雀が群れ騒ぐ風景。

ⓑ雀を追い払えない案山子の様子。

ⓒ案山子が雀に対して虚勢を張っているように見える様子。

●「案山子」と「雀」の関係に注目し、看板に対する「私」の認識を捉えるための観点。

・看板を家の窓から見ていた時の「私」→［X］

・看板に近づいた時の「私」→［Y］

(i)　Nさんは、「私」が看板を家の窓から見ていた時と近づいた時にわけたうえで、国語辞典や歳時記の内容と関連づけながら【ノート】の傍線部について考えようとした。空欄 X と Y に入る内容の組合せとして最も適当なものを、後の①〜④のうちから一つ選べ。解答番号は 18 。

(ア)　X ――歳時記の句ⓐでは案山子の存在に雀がざわめいている様子であり、国語辞典の説明㋐にある「おどし防ぐ」存在となっていることに注目する。

(イ)　X ――歳時記の句ⓒでは案山子が虚勢を張っているように見え、国語辞典の説明㋑にある「見かけばかりもっともらしい」存在となっていることに注目する。

(ウ)　Y ――歳時記の句ⓑでは案山子が実際には雀を追い払うことができず、国語辞典の説明㋑にある「見かけばかりもっともらしい」存在となっていることに注目する。

(エ)　Y ――歳時記の句ⓒでは案山子が雀に対して自ら名乗ってみせるだけで、国語辞典の説明㋐にある「おどし防ぐ」存在となっていることに注目する。

①　X―(ア)　　Y―(ウ)
②　X―(ア)　　Y―(エ)
③　X―(イ)　　Y―(ウ)
④　X―(イ)　　Y―(エ)

(ii)　【ノート】を踏まえて「私」の看板に対する認識の変化や心情について説明したものとして、最も適当なものを、次の①～⑤のうちから一つ選べ。解答番号は［19］。

①　はじめ「私」は、ⓒ「某は案山子にて候雀殿」の虚勢を張る「案山子」のような看板に近づけず、家のなかから眺めているだけの状態であった。しかし、そばまで近づいたことで、看板は㋑「見かけばかりもっともらしい」ものであることに気づき、これまで「ただの板」にこだわり続けていたことに対して大人げなさを感じている。

②　はじめ「私」は、ⓑ「稲雀追ふ力なき案山子かな」の「案山子」のように看板は自分に危害を加えるようなものではないと理解していた。しかし、意を決して裏の庭に忍び込んだことで、看板の㋐「おどし防ぐもの」としての効果を実感し、雀の立場として「ただの板」に苦しんでいる自分に気恥ずかしさを感じている。

③　はじめ「私」は、自分を監視している存在として看板を捉え、㋐「おどし防ぐもの」と対面するような落ち着かない状態であった。しかし、おそるおそる近づいてみたことで、ⓒ「某は案山子にて候雀殿」のように看板の正体を明確に認識し、「ただの板」に対する怖さを克服しえた自分に自信をもつことができたと感じている。

④　はじめ「私」は、㋐「とりおどし」のような脅すものとして看板をとらえ、その存在の不気味さを感じている状態であった。しかし、暗闇に紛れて近づいたことにより、実際にはⓑ「稲雀追ふ力なき案山子かな」のような存在であることを発見し、「ただの板」である看板に心を乱されていた自分に哀れみを感じている。

⑤　はじめ「私」は、常に自分を見つめる看板に対してⓐ「群雀空にしづまらず」の「雀」のような心穏やかでない状態であった。しかし、そばに近づいてみたことにより、看板は㋑「見かけばかりもっともらしい」ものであって恐れるに足りないとわかり、「ただの板」に対して悩んできた自分に滑稽さを感じている。

〔二〇二二年度本試験第2問〕

# 演習問題6

解答解説

## 解答

問1　②-⑥（8点・各4点）　問2　①（8点）　問3　③（8点）
問4　(i)＝②（6点）　(ii)＝①（6点）　問5　(i)＝①（6点）　(ii)＝⑤（8点）
（注）－（ハイフン）でつながれた正解は、順序を問わない。

## 出典

**黒井千次「庭の男」**（『石の話―黒井千次自選短篇集』講談社文芸文庫）

黒井千次（一九三二年～）は小説家。東京都生まれ。本名、長部舜二郎。東京大学経済学部卒業。富士重工に勤務しながら創作活動を続けて、その後退職して作家生活に入る。代表作に『時間』『五月巡歴』『群棲』『春の道標』などがある。「庭の男」は一九九一年、文芸雑誌『群像』一月号に発表された。二十ページほどの短編小説で、本文はその後半の一節である。参考までに本文の続きを紹介すれば、隣家の少年と父親の口論（「私」は心の中で少年を応援している）が起こり、それがきっかけとなってプレハブ小屋が壊れ、結局小屋も立看板も撤去されて、「私」の生活が元に戻った、というもの。

## 段落要旨

本文を三つの部分に分けて内容をまとめよう。

**1**

**立看板の男の視線**（立看板をなんとかするよう…）※問4・問5

**私**は、隣家の庭のプレハブ小屋に立てかけてある看板に描かれた男の視線が気になって落ち着かず、看板をどうにかしてもらいたかったけれども、下手に頼めばかえって疑惑をもたれそうで、ためらっていた。

**2**

**少年の罵言**（ある夕暮れ、それは…）※問1・問2・問4・問5

**私**は散歩の途中で出会った隣家の**少年**に看板のことを訴えた。しかし**少年**は**私**の言葉を無視し、「ジジイ――」と捨て台詞を残して立ち去った。その罵言が私には耐え難かった。

**3**

**少年の覚悟**（夜が更けてクーラーをつけた…）※問3・問4・問5

**私**は看板を動かそうと思って、夜中に隣家の庭に忍び込んだ。しかし看板は丈夫な素材で出来ているうえに、針金でしっかりと固定されていた。**私**は**少年**の彼なりの覚悟を認めてやりたいような気分になった。

**語句**

**示唆**＝それとなく教え示すこと。

**流し**＝台所・洗濯場などの、物を洗ったり、水を流したりする場所。

**謂**《いわ》**れ**＝理由。

解説

## 問1　標準　12・13　正解は②・⑥

**傍線部の理由を問う設問**。消去法で解く。**隣家の看板の男の視線をひどく気にしていた**「私」が、散歩の途中で隣家の少年と出会い、少年に近づいたという場面である。「ほとんど無意識のように道の反対側に移って彼の前に立っていた」というのだから、少年に訴えかけたいという「私」の思いはよほど深刻で根深いことがわかる。そこで傍線部にいたる事情を第一〜第三段落に戻って把握しよう。「私」は隣家の看板に描かれた男の視線に悩まされていたが、それを**隣家の少年に訴えても理解してもらえるとはとうてい思えない**。少年の親に相談しようとも思ったけれど、それはフェアではないし、看板ごときを気にかける「私」に対して**疑惑が起こるのではないかと危惧した**、というものである。このように思いをめぐらしていた「私」が偶然少年を見つけて近づいたというのだから、その理由、動機は次のように説明できる。

**看板に悩んでいる気持ちを少年に訴えても理解されないだろうが、それでも少年に訴えるしかないと思ったから**

①**不適**。「疑惑」は少年に芽生えるのではなく、「親が……としても、相手の内にいかなる疑惑が芽生えるかは容易に想像がつく」（第三段落）とあるように、少年の親に芽生えるのである。

②**適当**。第三段落に同様のことが書かれている。少年を説得できそうにないからといって、親に訴えるのはフェアではないから、少年に訴えようと思った、と因果関係を説明できる。

③**不適**。第一段落に同様のことが書かれているけれども、この「余裕」およびそれに基づく毒づきも、第二段落に「所詮空威張りに過ぎぬのは明らかである」とあるように、「私」は自ら否定せざるをえない。よって傍線部の行動には結びつかない。

④**不適**。第二段落の「あの男がいつもと同じ場所に……落着けなかった」と同じ内容であるが、やはり傍線部の行動の動機とはならない。

⑤**不適**。傍線部の直前で描写されてはいるが、これは隣家の少年であると特定するのに役立っただけであって、少年に近づいていった動機とはならない。

⑥**適当**。「少年を説得する方法を思いつけない」、「看板をどうにかしてほしいと願っていた」といずれも妥当な説明であり、「私」の行動にも結びつく。

## 問2　標準　14　正解は①

**傍線部の内容**を問う設問。実質的には心情説明問題である。というのも、この「痛み」はもちろん**精神的な苦痛**だからである。「身体の底を殴られたような」という比喩は、それが**心をひどく傷つけるものであること**を表す（前文にも「中学生の餓鬼にそれを無視され、罵られたのは身に応えた」とある）。また「厭な」とあるのは、この段落冒頭に「ひどく後味の悪い」とあるように、この痛みが**なんとも不愉快なものであること**を表す。そこでこの状況をたどると、「私」はたまたま隣家の少年と出会い、看板を移動させるか裏返すかしてほしいと頼み込む。しかし少年はそれを無視し、立ち去り際に「ジジイ――」と低く捨て台詞を吐く。「私」は「一応は礼を尽して頼んでいるつもりだった」ので、この「ジジイ」という**予想外の言葉は「私」の心をひどく傷つけ、少年を「餓鬼」と呼ぶことで何とか心の平衡を取り戻そうとしている**というものである。実際「私」はその後、自分の非を認めることで心の傷を癒そうとするが、相手が息子よりも若い少年であるだけに「やはり耐え難かった」と振り返る。以上より傍線部の内容を次のように説明できる。

**礼を尽くして頼んだのに、「ジジイ」と罵られてひどく傷つき、不愉快でならない心情**

選択肢は文末を検討する。①「不快感」、②「孤独と屈辱感」、③「いら立ち」、④「無念さ」、⑤「失望と後悔」とあるので、①が適当だという見当がつくだろう。「頼みごとに耳を傾けてもらえない」とあるのは少年に無視されたことに合致する。「話しかけた際の気遣い」は「礼を尽し」たことをいう。「暴言」は「罵られ」に合致する。「存在が根底から否定された」は「身体の底を殴られた」の言い換えとして適当である。ただ「痛み」の説明が足りないとも思われる（「痛み」を「不快感」とするのは少し弱い）。

②「少年から非難（＝欠点や過失などを指摘して責めること）」されたわけではなく、「汚点」と捉えているわけでもない。「孤独」も読み取れない。

③「説得できると見込んでいた」が不適。第一段落の「少年にどう説明すればよいのか見当もつかない」に合致しない。また「常識だと信じていたことや経験」とは年配者としての知識や経験をいうのだろうが、本文から読み取れない。「いら立」っているわけでもない。

④「礼を尽して」はいるが「へりくだった態度で接した」わけではない。したがって「少年を増長（＝つけ上がって高慢になること）させてしまった」も不適となる。「交渉が絶望的になったと感じた」とも読み取れない。さらに「無念さ（＝残念さ）」も「痛み」に合致しない。

⑤「真に受け」が不適。第一段落の「妻の示唆を、私は大真面目で受け止めていたわけではなかった」に矛盾する。また「自分の態度」に「理不尽さ（＝道理に合わないこと）を感じた」のではなく、「こちらの申し入れが理不尽と考えようとしたのである。「後悔」もしていない。

## 問3　標準　15　正解は③

傍線部の心情を問う設問。「あ奴」はもちろん少年を指す。「かなりの覚悟でことに臨んでいるのだ」とは看板について言ったもので、「私」はこの看板がかなり頑丈なものであることを認め、**少年の看板に対する並々ならぬ思いを感じ**

とっている。そもそも「私」は看板をずらすなり裏返すなりしてやろうと考え、夜中にこっそりと隣家の庭に忍び込み、看板のある所へたどり着く。だが看板は予想に反して頑丈に作られ設置されていることを知り、「最早男を動かすことは諦めざるを得なかった」。「私」としては昼間の少年の態度が気に入らず、礼儀も知らない「餓鬼」と侮って勝手に看板を動かしてやろうと目論んだわけであるが、逆に少年の「かなりの覚悟」を知って、少年を見直すことになったわけである。以上より傍線部の心情は次のように説明できる。

看板に込めた少年の強い思いを知って、少年を見直してやりたいという心情

選択肢は文末を検討する。「認めてやりたい」について、「彼を見直したい」とある①と、「その心構えについては受け止めたい」とある③に絞り、「しっかり固定された看板」「何らかの決意」を決め手に③を選択すればよい。

①「私」が隣家の庭に忍び込む決意をしたから少年の決意に思い至ったというわけではない。「私」が少年の決意を感じとったのは頑丈に固定された看板を見たからである。よって「共感」も不適となる。

②常識的に考えて、自宅の庭に看板を設置したことが「隣家の迷惑」になるとは限らない。「迷惑」に思うのは「私」の身勝手とも言える。そのことは「私」も十分承知しているから、独りでくよくよ悩むことになる。よって「隣家の迷惑を顧みることなく」という説明は不適である。また「応援したい」とあるのも根拠がない。

④「具体的な対応を求めるつもりだった」が不適。「私」は隣家の庭に忍び込んで勝手に看板を動かそうとしている。「気が楽になる」とあるのも、少年の覚悟を認めてやりたいという心情に合わない。

⑤「悔やみ」が不適。「私」が後悔していると読める箇所はない。また「歩み寄ってもよい」とあるのも、「私」が看板のことで妥協したわけではないので不適となる。

□□ 問4 やや難 16・17 正解は　(i)＝②　(ii)＝①　文章全体

**表現の仕方とその心情を問う設問。**「私」は少年に対しては「少年」の他に「裏の家の息子」「彼」「餓鬼」「あ奴」など呼び分けている。また看板の絵に対しては「男」「裏の男」「あの男」「素敵な絵」などと呼び分けている。これを確認したうえで消去法で解くことになる。

(i)

①不適。「裏の家の息子」は「妻の示唆」（本文冒頭）の一節にあるのだから、「私」の捉え方であるとは断定できない。また「息子よりも遙かに歳若い少年」の直後に「やはり耐え難かった」（傍線部Bの段落の次の一文）とあるように、これは「私」の不快な心情を表すもので、「親しみを抱いている」わけではない。

②適当。「私」は少年に「ちょっと」と声をかけ、「庭のプレハブは君の部屋だろう」と、少し改まった調子で話している。ところが「ジジイ——」と罵られたあとで、「餓鬼」と呼ぶようになっている。よって「怒りを抑えられなくなっている」という説明は妥当である。ただ「看板への対応を依頼する少年に」という表現は、普通に読めば少年が依頼すると受け取れる。「少年に看板への対応を依頼するために」などとするのが適当であろう。

③不適。「君」と呼ぶのは右の引用箇所のみであって「つねに」ではない。また少年の「外見」について「餓鬼」と侮っているわけではない。

④不適。「我が身の老いを強く意識させられた」から少年を「餓鬼」と称したわけではない。「彼の若さをうらやんでいる」というのも本文から読み取れない。

⑤不適。「裏の家の息子」が①と同じ理由で不適となる。また「外見」から「餓鬼」と判断したという説明も③と同じく誤りとなる。

(ii)

①適当。「男と睨み合った」(第一段落)、「男の視線」(第二段落) などとあるように、「私」は看板に描かれた男を実際の人間のように過剰に意識している。だが少年の前ではこのような非常識な意識を抑えて、「映画の看板」と普通の言い方をする。ところが少年の顔に「警戒の色」が浮かぶと、「素敵な絵」「あのオジサン」と、心が動揺するままに言い方を変えている。

②不適。「あの男」は「比喩」ではない。また「オジサン」は普通の大人に対する言い方であるから、「映画俳優への敬意を全面的に示す」という説明は誤りである。

③不適。「私」が妻の前で「案山子」と発言したとは書かれていない。「私」は看板が気になる自分を、案山子を恐れる雀のように感じている (本文のリード文) のであって、「単なる物として軽視している」のではない。また「少年から拒絶の態度を示される」のではなく、「警戒の色が顔に浮かんだ」だけである。

④不適。「私」は看板を人間扱いしていたが、つい少年の前で物扱いしてしまったので、「あのオジサン」と人間扱いに戻して少年の機嫌をとろうとしたという内容となり、看板に対する「私」の心情の推移からはずれている。また「慌てふためいている」というのは言い過ぎであろう。

## 問5　やや難　18・19　正解は (i)=① (ii)=⑤　言語活動　複数資料

ノートの完成とそれに関連する設問。二重傍線部は「私」が隣家の庭に忍び込んで看板を間近に見る場面にある。二文前の「そんなただの板と、窓から見える男が同一人物とは到底信じ難かった」に着眼しよう。「私」は家から眺めていたときは看板の男の視線に悩まされていた。だから看板の移動や撤去を隣人に申し込もうかと思い迷っている (本文のリード文および第一～第三段落)。ところが間近で見てみると、ただの板に描かれた絵にすぎないと思い直す。それがちょうど、案山子を恐れていた雀が、案山子にとまってみると、ただの人形とわかって恐れなくなるのと同じだと感じている。それが二重傍線部の言わんとするところである。これをふまえて各設問を吟味しよう。

(i)　**【ノート】**を完成させる。**意味**では、**「案山子」の意味→「案山子」と「雀」の俳句→「看板」と「私」の関係と**いう流れになっている。意味では、「案山子」の原義（ア）とそれから派生した意味（イ）とが記される。俳句では、ⓐは案山子を恐れる雀の様子が、ⓑ・ⓒは案山子の正体を見抜いて恐れない雀の様子が詠まれている。そして**「看板」と「私」の関係**では、看板を家から眺めていた「私」と、看板を間近で見た「私」とが対比される。よって以上を図式化すると次のようになる。

遠くから案山子を見て恐れる雀　＝　家の窓から看板の男の視線に悩まされる「私」　→　X

⇧

近くに案山子がいても恐れない雀　＝　看板を間近で見て、ただの板だと思う「私」　→　Y

(ア)は「案山子の存在に雀がざわめいている」とあるようにXに該当する。(イ)は「『見かけばかりもっともらし』い存在となっている」とあり、Xではなく Yの内容である。(ウ)は「案山子が実際には雀を追い払うことができず」とあるようにYに該当する。(エ)は「自ら名乗ってみせるだけ」なので、実際には「おどし防ぐ」存在とはならず、XにもYにも該当しない。よってXとなるのは(ア)、Yとなるのは(イ)と(ウ)であるから、組み合わせとして適当なのは①である。

(ii)　**登場人物の認識の変化と心情**を問う設問。二重傍線部に「苦笑した（＝にがにがしく思いながらも、しかたなく笑った）」とあるように、「私」は今まで自分を悩ませていた看板が「ただの板」だとわかり、そんなものに心を乱されてきた自分を愚かしく思いながら、しかたなく笑っている。よって選択肢は文末に着眼して、「『ただの板』にこだわり続けていたことに対して大人げなさを感じている」とある①と、「『ただの板』に対して悩んできた自分に滑稽さを感じている」とある⑤に絞り、変化を「心穏やかでない状態」→「恐れるに足りないとわかり」と説明した⑤を選択すればよい。

① 「虚勢を張る（＝見た目だけは力のあるふりをする）『案山子』のような看板」が不適となる。「私」は「こちらを凝視して止まな」（第二段落）い男に心底弱っており、看板の男が「虚勢を張」っているとは思っていない。

② 「自分に危害を加えるようなものではないと理解していた」が不適。「私」は男の視線を心理的な暴力と受け止めている。「『おどし防ぐもの』としての効果を実感し」「気恥ずかしさ」も読み取れない。

③ 「おそるおそる」近づいたわけではない。また「自分に自信をもつことができたと感じている」と読み取れる箇所もない。

④ 「自分に哀れみを感じている」と読み取れる箇所がない。

## 参考

**夏目漱石**はよく知られているように、学友で俳人であった正岡子規の感化と指導のもと句作に励むようになり、生涯でおよそ二六〇〇句を残している。その斬新で洒脱な作風は初期の作品『吾輩は猫である』『坊ちゃん』『草枕』にも影響を与えていると言えよう。たとえば**問5**の【**ノート**】で引用されている句「某は案山子にて候雀殿」を見ても、「吾輩は猫である」と「某は案山子にて候」との類似に気づかされるし、「雀」に「殿」を付けることで感じられるユーモアにも注目されるであろう。

# 演習問題7

問題

**問題**　次の文章は室生犀星《むろうさいせい》の小説『幼年時代』の一節である。これを読んで、後の問い（問1〜5）に答えよ。（配点45）

目標時間　20分

うしろの犀川《さいがわ》は水の美しい、東京の隅田川ほどの幅のある川であった。私はよく磧《かわら》へ出て行って、鮎《あゆ》釣りなどをしたものであった。毎年六月の若葉がやや暗みを帯び、山山の姿が草木の繁茂するにしたがってどことなく茫茫《ぼうぼう》として膨れてくるころ、近くの村落から胡瓜《きゅうり》売りのやってくるころには、小さな瀬や、砂利でひたした瀬がしらに、A背中に黒い、、ほくろのある若鮎《さあゆ》が上ってきた。

若鮎はあの秋の雁《かり》のように正しく、かわいげな行列をつくって上ってくるのが例になっていた。わずかな人声が水の上に落ちても、この敏感な（注）標悍《ひょうかん》な魚は、花の散るように列を乱すのであった。

私はこの国の少年がみなやるように、小さな（注）尾籠《びく》を腰に結んで、幾本も結びつけた毛針を上流から下流へと、たえまなく流したりしていた。鮎はよく釣れた。a小さなやつがかかっては竿《さお》の尖端《せんたん》が神経的にぴりぴり震えた。その震えが手さきまで伝わるとこんどは余りの歓《よろこ》ばしさに心が躍るのであった。

瀬はたえずざあざあーと流れて、美しい瀬波の高まりを私達《たち》釣人の目に注がす。そこへ毛針を流すと、あの小さいやつが水面にまで飛び上がって、毛針に群れるのであった。ことに日の暮れになるとよく釣れた。水の上が暮れ残った空の明かりにやっと見わけることのできるころ、私はほとんど尾籠を一杯にするまで、よく釣りあげるのであった。

b川について私は一つの話をもっていた。

それは私が釣りをしに出た日は、雨つづきのあげく増水したあとであった。あの増水の時によく見るように、上流から流された汚物が一杯（注）蛇籠《じゃかご》にかかっていた。私はそこで一体の地蔵を見つけた。それは一尺ほどもある、かなり重い石の蒼《あお》く水苔《みずごけ》の生えた地蔵尊であった。私はそれを庭に運んだ。そして杏《あんず》の木の陰に、よく町はずれの路傍で見るような小石の台座をこしらえてその上に鎮座させた。

私はその台座のまわりにいろいろな草花を植えたり、花筒を作ったり、庭の果実を供えたりした。毎月二十四日の祭日を姉から教えられてから、その日は、自分の小遣いからいろいろな供物を買って来て供えていた。

「まあお前は信心家ね。」

姉もまた赤い布片《きれ》で衣を縫って、地蔵の肩にまきつけたり、小さな頭巾《ずきん》をつくったりして、石の頭にかぶせたりした。私はいつもこの拾って来た地蔵さんに、いろいろな事をしてあげるということが、決して悪いことでないことを知っていた。ことに、c地蔵さんは石の橋にされても人間を救うものだということをも知っていた。私はこの平凡な、石ころ同様なものの中に、何かしら疑うことのできない宗教的感覚が存在しているように信じていた。

「きっといいことがあるわ。お前のように親切にしてあげるとね。」

姉は毎日のように花をかえたり、掃除をしたりしている私を褒めてくれていた。私はうれしかった。こうした木の陰に、自分の自由に作りあげた小さな寺院が、だんだんに日を経るに従って、小屋がけが出来たり、小さな提灯《ちょうちん》がさげられたりするのは、何ともいえない、ただそれはいい心持ちであった。何かしら自分の生涯を賭《と》して報いられてくるような、ある予言的なるものを感じるのであった。私は毎朝、洗面してしまうと礼拝しに行った。ときとすると、あぐらをかいたお膝《ひざ》のところに大きな夜露がしっとりと玉をつづけていたりしていた。そのつぎに姉がいつもつつましげにお詣《まい》りをしに来た。

ことに夜は(ア)森厳な気がした。木の葉のささやき、空の星の光などの一切をとりまとめた感覚が、直接地蔵さんを崇拝する私の心をきわめて高く厳粛にした。私はそこで、大きくなったら偉い人になるように熱禱《ねっとう》するのであった。

不思議なことは、この地蔵さんを大切にしてからは、よく蟻《あり》などが地蔵さんのからだをはっているのを見ると、これまでとは別様な特に地蔵さんの意志を継いでいるようなものにさえ思われた。蝸牛《かたつむり》にしてもやっぱりこの神仏の気を受けているように感じた。私はだんだん地蔵さんの付近に存在する昆虫を殺すことをしなくなった。それがだんだん(イ)長じて街路でも生きものを踏むことがなく、無益に生命をとらなくなっていた。

「dお前くらい変な人はない。しかしお前は別なところがある人だ。」

母も私の仕事に賛成していた。

「しばらくなら誰《だれ》でもやるものだが、あの子のように熱心にする子はない。」

私はそれらの賛嘆にかかわらず、ときとしてはこんなにしてこれが何になるとか、いますぐ自分にむくいられるとかいうことを考えなかった。私はこの小さな寺院の建立に、いろいろな器物の増してゆくところに、自分の心がだんだん離れないことを知っていた。ことに私が川から拾って来たことが、母などがすぐ大工を呼んで立派なお堂を建てたらと言い出すごとに、ひどく反対させた。いまさら母の力を借りなくとも、私は私一個の力でこれを祭りたいと思っていた。私は私の神仏としてこれを庭の一隅に置きたかった。B誰《だれ》人の指のふれるのをも好まなかった。

隣家に飴《あめ》屋があった。そこの米《よね》ちゃんという子は庭がなかった。私はその少年をよく庭へ入れて遊んだ。私はこの友達と磧から石を運んだり、砂を持ち込んだりした。私はだんだん大仕掛けに建てて行った。一つのものがふえれば、もっと別な神聖なものが欲しくなって来た。私は町へ出て(注)三宝や器物や花筒や燭台《しょくだい》を(ウ)あがなって来た。

姉は毎日ごはんのお供物をした。私は長い庭の敷石をつたわりながら、朝のすずしい木のかげに白い湯気のあがるお供米をささげてきてくれるのを見ると、私は涙ぐみたいほどうれしく神神しくさえ感じた。

「姉さん。ありがとう。」

私はあつく感謝した。私のいろいろな仕事を見ている姉は、いつも清い美しい目をしていた。

「e姉さんの目はなんて今朝はきれいなんだろう。」と心でかんじながら、私は花をかえたりしていた。

私はますますひどく一人ぼっちになった。学校へ行っていても、みんながばかのようになって見えた。「あいつらは私のような仕事をしていない。信仰をしらない。」と、みんなとは特別な世界にもっと別様な空気を吸っているもののように思っていた。先生を尊敬する心には元よりなっていなかった。(注)あのひどい生涯忘れることのできない目にあってからの私は、いつも冷然とした高慢のうちに、絶え間もない(注)忍辱《にんにく》に虐げられたあの日を目の前にして、心を砕いて勉強していた。私が成人したのちに私が受けたよりも数倍な大きい苦しみを彼らに与えてやろう。かれらの現在とはもっと上に位したすべての点に優越した勝利者になって見かえしてやろうと考えていた。

C私はあの意地のわるい学友らは、もはや私の問題ではなくなっていた。全然、あの喧嘩《けんか》や小競争《こぜりあい》がばかばかしいのみならず、その相手をしていることがもはや私に不愉快であった。

f明治三十三年の夏、私は十一歳になっていた。

(注)○慓悍――すばやくて強いこと。
○尾籠――とった魚を入れておくかご。
○蛇籠――円筒状のかごに石を詰めこんだもの。河川の護岸・水流緩和などに用いる。
○三宝――神仏・貴人に物を供えるときなどに使うひのきの白木でつくった四角形の台。前と左右の三方に穴がある。一般には「三方」と書く。
○あのひどい生涯忘れることのできない目――問題文の前の場面で、私が先生から理由のない虐待を受け、怒りのあまり卒倒するに至ったこと。
○忍辱――仏教語。いろいろな侮辱・迫害を耐え忍んでうらまないこと。ここでは、そうしたはずかしめに耐えることを強いられた、というほどの意味。

問1　傍線部(ア)～(ウ)の本文中における意味として最も適当なものを、次の各群の①～⑤のうちから、それぞれ一つずつ選べ。解答番号は 1 ～ 3 。

(ア)　森厳な　1
①　たいそう清らかな
②　なんとなく恐ろしい
③　非常におごそかな
④　底知れず奥深い
⑤　どこか怪しげな

(イ)　長じて　2
①　成長して
②　甚だしくなって
③　上手になって
④　図に乗って
⑤　進化して

(ウ)　あがなって　3
①　借用して
②　もらい受けて
③　選んで
④　買い求めて
⑤　注文して

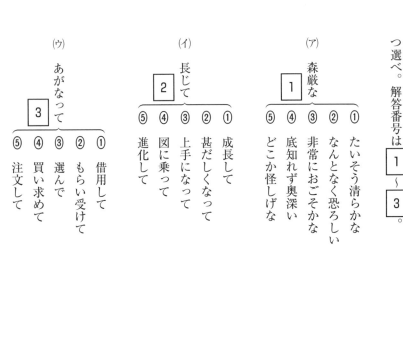

問２　室生犀星は「鮎のかげ」という題名の次のような詩を書いている。この詩と傍線部Ａ「背中に黒い……乱すのであった」との関連について述べたものとして最も適当なものを、後の①～⑤のうちから一つ選べ。解答番号は［４］。

鮎のかげ

背なかにほくろのある鮎が
日のさす静かな瀬のうちに泳ぎ澄んでいる
幾列にもなって
優しいからだを光らしている

その影は白い砂地に
かげ絵のように
大きくなったり小さくなったりして
時には暈《ぼ》けたりする
水のかげまで玉をつづって
底砂へ落ちてゆく

ちいさい物音にさえ
花のように驚いては散って

またあつまる鮎
すらりと群をぬいた大きな鮎が
ときどき群を統《す》べているのか
すこし瀬がしらへ出たり
ほこらしく高く泳いでは水面へ
ぱちりとはねくり返る
しんとした波紋がする
あとは土手の上の若葉の匂いがするばかり

①　この詩も傍線部Aも、小動物を描くのにも雅語を多用し、感性の美を強調した筆致はきわめて芸術的である。分かち書きした詩の一行一行が横に並んで川を上る鮎を形象化したものと言えるのに対して、傍線部Aは縦隊になって泳ぐ若鮎の様子を描いたものと捉えることができる。

②　この詩も傍線部Aも、背中の黒いほくろを見せながら清流を上る鮎の躍動感を描写していて、まるで、短い動画を見るようである。詩の後半に登場する「大きな鮎」は作者自身を投影したものであるが、傍線部Aで描かれる、列を乱す若鮎の動きにも少年の期待と不安が重ねられている。

③　この詩も傍線部Aも、本能の赴くままに浅瀬を疾駆する小さな鮎を見つめる作者の目は愛情にあふれており、純真で感動的である。詩においては最後の行の若葉の匂いが嗅覚的に鮮烈であり、傍線部Aにおいては点描された空の雁が仮の世のはかなさや青春の短さを示唆していて奥深い。

④　この詩も傍線部Aも、少年の日への追憶が季節の代表的な景物の描写に託され、哀切をきわめたものとなっている。詩では「大きな鮎」が孤高を貫き通した作者自身の姿を彷彿《ほうふつ》とさせ、また傍線部Aでは川を遡上《そじょう》する

若鮎が意地の悪い学友たちを尻目に駆けていく少年をたとえている。

⑤　この詩も傍線部Aも、整然と清流を上る鮎の動きをその突然の乱れの姿と合わせて捉えた描写は、視覚的で鮮明である。詩の方が字数が多い分、鮎の姿態の描写が細かく、また直喩や擬態語・擬音語を駆使して印象的であるが、傍線部Aも直喩の使い方が見事に決まっている。

問3　傍線部B「誰人の指のふれるのをも好まなかった」とあるが、それはなぜか。その理由の説明として最も適当なものを、次の①～⑤のうちから一つ選べ。解答番号は 5 。

①　地蔵さんは自分が川で拾ってきた貴重なお宝であり、その世話や管理を他人に任せてしまうと、そのご利益が失われるような気がしたから。

②　地蔵さんは学校で孤立する自分を支えてくれる唯一のものであり、もし他人が触ったらもう自分を支えてくれなくなるような気がしたから。

③　地蔵さんを自分一個の力で祭ってこそ宗教的感覚が磨かれるのであって、もし他人が介入したら、その感覚が不純になるような気がしたから。

④　地蔵さんを自分だけの仏として独力で守っていきたいといういちずな思いがあり、またこの信心が将来報われることもあるような気がしたから。

⑤　地蔵さんはまさしく自分の分身であって、他人がそれに触れるのは、他人が自分の心の中に踏み込んでくるのと同じような気がしたから。

問4　傍線部C「私はあの意地のわるい学友らは、もはや私の問題ではなくなっていた」とあるが、それはなぜか。その理由の説明として最も適当なものを、次の①～⑤のうちから一つ選べ。解答番号は 6 。

① 地蔵さんへのかかわりを通じて得られた、将来への展望を含んだ私の内面的な充実が、学友らとの間の不愉快な出来事を完全に無視できるような境地へと導いてくれたから。

② 地蔵さんへの信仰がもたらしてくれた、姉や母に対する私の親近感の深まりが、学校での学友らとの喧嘩や小競争のばかばかしさを忘れさせてくれるのに十分であったから。

③ 地蔵さんへの私の信心は、命あるものへの慈愛の心をはぐくみ、他人とは異質な特別な世界を見ることを可能にし、それが学友らに対する寛容の精神を生み出していったから。

④ 私の地蔵さんへのかかわりは、他の誰のためでもなく、また誰の力も借りない私一人の営みであり、それにより得られた私の忍耐心が、学友らからの独立の境地を可能にしたから。

⑤ 地蔵さんへの私の信仰は、現実的な利益を一切求めないまったく純粋なものであったが、それが結果的には周囲からの超越という思いがけない副産物を生み出してくれたから。

問5　この文章の印象に残る箇所を、六人の生徒それぞれに報告してもらった。その内容として**不適当なもの**を、次の①〜⑥のうちから**二つ**選べ。ただし、解答の順序は問わない。解答番号は［７］・［８］。

① 生徒Ａ――「小さなやつがかかっては竿の尖端が神経的にぴりぴり震えた」（波線部ａ）とあるのは、僕も釣りをするからよくわかる。「ぴりぴり」という擬態語は魚がかかったときの手の感触そのものだ。

② 生徒Ｂ――「川について私は一つの話をもっていた」（波線部ｂ）とあるのは、この話が「私」の視点から語られることを示している。でも部分的には姉や母の視点からも語られている。

③ 生徒Ｃ――「地蔵さんは石の橋にされても人間を救うものだということをも知っていた」（波線部ｃ）とは、地蔵さんは石橋にされるという自己犠牲を通して、人間に不信心な行為の愚かさを自覚させ、自己救済への道を歩ませるという意味で、わずか十一歳の少年が知っていたとは驚きだ。

④ 生徒Ｄ――「お前くらい変な人はない」（波線部ｄ）とあるのは、地蔵さんに執心する「私」を母が批評した言葉であるが、自分の子どもに向かって「人」と言うのは変な感じがしないでもない。

⑤ 生徒Ｅ――「姉さんの目はなんて今朝はきれいなんだろう」（波線部ｅ）とあるのは、もちろん姉の目の美しい輝きを褒めた言葉だが、二人の純粋な宗教心や姉弟愛《きょうだいあい》が感じられて、ほほえましい。

⑥ 生徒Ｆ――「明治三十三年の夏、私は十一歳になっていた」（波線部ｆ）とは、「私」が当時の自分の年齢を確認する目的で入れた言葉であると同時に、話に一区切りを付ける役割も果たしている。

〈一九九二年度追試験第2問・改〉

# 演習問題7

## 解答解説

### 解答

問1　(ア)＝③　(イ)＝②　(ウ)＝④（9点・各3点）　問2　⑤（8点）　問3　④（7点）
問4　①（7点）　問5　②-③（14点・各7点）
（注）-（ハイフン）でつながれた正解は、順序を問わない。

### 出典

室生犀星『幼年時代』

室生犀星（一八八九～一九六二年）は詩人・小説家。石川県金沢市生まれ。本名、照道。幼少期に同市の雨宝院という寺の養子になるものの、暮らしが貧しかったため、十三歳で高等小学校を三年で退学した。その後金沢地方裁判所の給仕として働きながら、短歌や俳句、詩に親しみ、北原白秋、萩原朔太郎などの新進の詩人の影響を受けた。一九一八年（大正七年）に『愛の詩集』『抒情小曲集』を出して詩人として認められた。また自伝風の小説『幼年時代』『性に眼覚める頃』を出して小説家としても活躍した。東京と金沢を何度か往復した後、東京に定住し、『あにいもうと』『杏っ子』『かげろふの日記遺文』など、数多くの名作を残した。『幼年時代』は雑誌『中央公論』（一九一九年（大正八年）八月号）に発表された。

## 要旨

私は犀川でよく鮎釣りをした。鮎は行列を作って川を上り、人声がすると花の散るように列を乱した。ある日この川で一体の地蔵尊を見つけ、庭に運んで祭った。すると姉が褒めてくれ、毎日ご飯のお供物をしてくれた。母も私の仕事に賛成してくれた。私は私の神仏としてこれを庭の一隅に置きたかった。誰の指も触れるのを好まなかった。地蔵さんを祭るようになってから、無益に生き物の生命をとらなくなった。学校ではますます一人ぼっちになった。みんなが馬鹿のように見えた。意地の悪い学友らの相手をしていることがもはや私には不愉快であった。

## 語句

**茫茫と**＝ぼんやりしてはっきりしないさま。
**瀬がしら**＝緩やかな流れから波が立って瀬になる所。
**一尺**＝「尺」は長さの単位。一尺は約三十センチ。

## 解説

### 問1　標準　1〜3　正解は　(ア)＝③　(イ)＝②　(ウ)＝④

(ア)「森厳」は「しんげん」と読み、〝きわめておごそかなさま〟の意。「森」は〝静まりかえるさま〟を、「厳」は〝おごそかなさま〟を表す。「厳」の音読みは「ゲン・ゴン」。訓読みは「おごそか・きびしい」など。

(イ)「長じる」は〝成長する。年長である。秀でる。はなはだしくなる〟の意がある。ここは、地蔵さんの付近にいる昆虫だけでなく、街路にいる生き物までも殺さなくなったという文脈から、②が最も適当となる。

(ウ)「あがなーう」は「購」および「贖」の訓読みで、前者は〝買い求める〟、後者は〝罪をつぐなう〟の意になる。ここは前者である。なお「抗（あらがーう）」（＝抵抗する）と音が似ているので注意が必要。

## 問２　やや難　4　正解は⑤　複数資料

**傍線部と詩との関連**を問う設問。まず詩「**鮎のかげ**」について。この詩は一九二二年（大正十一年）二月に刊行された『星より来れる者』に収められている。三連二十行から成り、**川を上る鮎の様子を活写**する。第一連（四行）は鮎が幾列にもなって川を上る様子を描く。時折からだが日の光を反射して輝くさまを「からだを光らしている」と描写する。第二連（六行）は描写がより細かくなり、鮎が砂地に影を作りながら水底へ沈む様子を描く。第一連の「光らしている」と「かげ」との対比の妙を味わうべきだろう。第三連（十行）は鮎の動きがより活発になり、物音に驚いて離合集散を繰り返すさまや、大きな鮎が水面ではねるさま、そして静寂が戻るさまを描く。「またあつまる鮎」と体言止めを用いた後、次の行の「大きな鮎」へと話題を転換させる、巧みな構成である。またこの連では視覚だけでなく、**聴覚**（「ぱちりと」）や**嗅覚**（「若葉の匂い」）に訴える描写も用いて、**イメージを膨らませている**。全体を通して**現在形が用いられるため、その場で鮎を観察しているような臨場感が生み出される**。

次に傍線部について。鮎の遡上を描写する点では同じであるが、すべて**過去形を用いて回想する形**になっている。そのせいもあって、**故郷の鮎を懐かしみ愛おしむ心情が伝わってくる**。注目されるのは**詩と類似した表現**が見られる点である。「背中に黒いほくろ（＝斑点）のある」と「背なかにほくろのある」（詩）。「行列をつくって」と「幾列にもなって」（詩）。「わずかな人声が水の上に落ちても」と「ちいさい物音にさえ」（詩）。「花の散るように列を乱す」と「花のように驚いては散って」（詩）の四カ所。なかでも「花の散るように」と「花のように」（詩）という酷似した**二つの直喩**が目を引くであろう。前者は「列を乱す」をたとえ、後者は「散って」をたとえている。音に敏感な鮎がパッと散らばるさまを落花にたとえたこの優美な直喩は、作者自身も気に入っていて、再度使ったのであろう。それでは以上の検討をふまえて選択肢を吟味しよう。消去法で解く。

①不適。「雅語」とは伝統的でみやびな言葉をいい、日常の話し言葉である「俗語」に対して用いられる。「ふすま（＝ふとん）」「こころばえ（＝性質）」「碧天《へきてん》（＝青空）」といった、文章で用いる価値の高い言葉を指して言われる。詩の「玉」や傍線部の「雁」なら「雅語」と言えなくもないが、「多用し」とまでは言えない。また詩の一行一行が「鮎を形象化したもの」であるという説明も、行の長さがバラバラである点で無理がある。仮に百歩譲って認めたとしても、傍線部は鮎の様子をたんに散文化しただけであって、「縦隊になって泳ぐ」というのはこじつけである。

②不適。「大きな鮎」を作者の投影と解釈するのは根拠に乏しい。さらに「少年の期待と不安が重ねられている」という説明も根拠がない。本文の最終部で「私」の孤立する様子が描かれているが、これと鮎の描写とを結びつけるのは無理がある。

③不適。「点描された」が誤りとなる。「秋の雁のように」は若鮎が列をなして泳ぐ様子をたとえる直喩であって、実景ではない。またこの箇所から「雁」→「仮の世のはかなさ」→「青春の短さ」と連想するのも、恣意的な読みである。

④不適。「少年の日への追憶」は傍線部には該当しても、先に確認したように詩には当てはまらない。この詩は川を遡上する鮎の姿態を純粋に賛美した詩である（これは傍線部も同じ）。したがって「大きな鮎」を作者と重ねるのは的外れとなる。傍線部を「私」と学友との関係のように解釈するのも、同様に恣意的である。

⑤適当。「整然と清流を上る」「突然の乱れの姿」という説明は妥当といえる。詩の「直喩」とは「かげ絵のように」「花のように」をいい、「擬態語・擬音語」とは「すらりと」「ぱちりと」「しんとした」をいう。傍線部の「直喩」については先に指摘した通りである。

風景　純銀もざいく

いちめんのなのはな
いちめんのなのはな
いちめんのなのはな
いちめんのなのはな
いちめんのなのはな
いちめんのなのはな
いちめんのなのはな
かすかなるむぎぶえ
いちめんのなのはな

山村暮鳥

なお参考までに詩形が景物を形象化している詩をあげる。山村暮鳥の有名な詩「風景　純銀もざいく」の一節（第一連）である。一連九行、三連の詩で、「いちめんのなのはな」が各連にわたって八行ずつ繰り返される。また各連第八行目に変化を見せ、第二連は「ひばりのおしやべり」、第三連は「やめるはひるのつき」となっている。春の陽光を浴びた菜の花畑がどこまでも広がる風景がこの詩形を通じてイメージできるであろう。すべて平仮名書きであるのも、この穏やかな風景とうまく照応している。

## 問3　標準　5　正解は④

**傍線部の理由を問う設問。**「川について私は一つの話をもっていた」（波線部b）以下、傍線部に至る筋を把握する。「私」は犀川で一体の地蔵さんを拾い、家の庭に安置する。そして花や供物を供えて祭り、毎日お参りする。それを見た姉が「私」を褒めてくれ、「私」の後にお参りする。母も「私」の行為を賛嘆し、立派なお堂を建ててはどうかと提案するが、「私」はそれには猛反対した、という筋である。傍線部直前の二文に着眼しよう。「私一個の力で」「私の神仏として」とあるように、「私」は**自分自身で地蔵さんを世話することに意味を見出している**。傍線部もこの「私」の

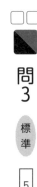

心情を表したものである。そこでその理由を考えると、少し前に「何かしら自分の生涯を賭して（＝かけて）報いられてくる」「大きくなったら偉い人になるように熱禱する（＝熱心に祈る）」とあるように、地蔵さんへの信心が将来いつか報いられることを願っていたことがわかる。ただし傍線部の段落に「これが何になるとか、いますぐ自分にむくいられるとかいうことを考えなかった」とあるように、功利や打算からではないと弁明している。

選択肢は右の検討事項をふまえて、「自分だけの仏」「独力で守っていきたい」「信心が将来報われる」を決め手に④を選択すればよい。

① 地蔵さんは宗教的崇拝物であるから「貴重なお宝」という説明はそぐわない。「ご利益が失われる」は、右の「功利や打算」になり、不適となる。

② 本文の終盤で「私」が学校で孤立する様子が描かれ、「あいつらは私のような仕事をしていない。信仰をしらない」という心情が記されているが、傍線部前後の文脈とは直接結びつかない。また姉や母の存在を考えれば、「唯一」というのも引っかかる。

③ 「きっといいことがあるわ。……」の前文に「石ころ同様なものの中に……宗教的感覚が存在しているように信じていた」とはあるものの、地蔵さんを独力で祭ることでこの「宗教的感覚が磨かれる」とは書かれていない。傍線部直前の文脈からもはずれている。

⑤ 地蔵さんが「自分の分身」であるとは書かれていない。あくまでも崇拝の対象である。したがって「他人が自分の心の中に踏み込んでくる」という説明も見当違いとなる。

## 問4　標準　6　正解は①

傍線部の理由を問う設問。本文終盤に着眼する。「ますますひどく一人ぼっちになった」とある、この「ますます」

は地蔵さんを信仰することによっていっそう、ということ。「みんながばかのようになって見えた」「みんなとは特別な世界にもっと別様な空気を吸っている」とあるのは、**信仰心を持ったゆえの自負であり「高慢」である**。このような高い自尊心を抱きながら「私」は勉学に励む。そして「勝利者になって（他の生徒たちや教師を）見かえしてやろう」と考え、また「その相手をしていることがもはや私に不愉快であった」と述べる。**愚かに見える同級生たちを見下し、もはや相手にさえしないという**、早熟の子どもにありがちな「高慢」で孤高の境地である。傍線部で「意地のわるい学友らは、もはや私の問題ではなくなっていた」と言うのも同じである。以上より、地蔵さんへの信仰↓孤高の境地という解答の方向性が見えてくる。

選択肢はこのポイントをふまえると、「**地蔵さんへのかかわりを通じて……学友らとの間の不愉快な出来事を完全に無視できるような境地へと導いてくれた**」とある①を選択できる。「将来への展望を含んだ」とあるのは、前問で確認した、信仰がもたらす将来の報いを言ったものである。

② 「母に対する私の親近感の深まり」は読み取れない。またこの「親近感の深まり」が「喧嘩や小競争のばかばかしさを忘れさせてくれる」という因果の説明も不適となる。

③ 「寛容（＝心が広く、他人を厳しくとがめだてしないこと）の精神」が不適。「私が受けたよりも数倍な大きい苦しみを彼らに与えてやろう」とあるのに合致しない。

④ 地蔵さんを祭ることで「忍耐心」が得られたとは書かれていない。またこの「忍耐心」と「独立の境地」を結びつけた説明も不適となる。

⑤ 「私」は地蔵さんへの信仰が将来報われることを願っているので、「現実的な利益を一切求めない」というのは言い過ぎである。また信仰心と孤高の境地との結びつきは強く、たんなる「副産物」というようなものではない。

## 問5 やや難 7・8 正解は②・③ 文章全体 言語活動

本文の内容や表現についての報告の適否を問う設問。消去法で解く。

①適当。「ぴりぴり」は擬態語としては⑴皮膚や粘膜に強い刺激を感じるさまや、⑵神経が張りつめるさまを表す。また擬音語としては⑶紙などが裂ける音や、⑷小さな笛の音を表す。ここは「神経的」とあるように⑵の例になる。

**例** ⑴「辛くて舌がぴりぴりする」 ⑵「試験を控えて生徒たちはピリピリしていた」

②不適。本文は「私」が自分の幼年時代を回想して語ったもので、「……た。」という過去形が用いられている（例外は第四段落の一文「瀬はたえずざあざあー……私達釣人の目に注がす。」のみ）。また自分の言動や心情はもちろん、姉や母の言動も「私」の視点から描写されている。「まあお前は信心家ね。」などの会話文は、「私」が現在の視点から回想して再構成したものであって、当時の姉や母の視点から発言されたものではない。よって「**部分的には姉や母の視点からも語られている**」とあるのは誤りとなる。

小説における語りの「視点」については、第1回プレテストの第3問でも問われていた。次のページに「視点」についてまとめてあるので、他の作品を読む際の参考にしてほしい。

③不適。「地蔵さんは石の橋にされても人間を救う」とは、地蔵さんの慈悲は限りなく、たとえ石橋として使われて人間に踏みつけられても人間を救済してくれるものだ、という地蔵信仰の言葉である。「**人間に不信心な行為の愚かさを自覚させ……歩ませる**」という強制的な意味合いはない。

④適当。十一歳程度の我が子に面と向かって「人」と言うのは確かに一般的ではなく、「変な感じ」を伴う。しかもこれは当時の母の言葉を「私」が再構成したものであるから、よけいにその感が強まる。実は犀星は生後まもなく貰い子に出され、その後お寺の養子となる。だからこの母は生母ではないのである。もちろんこのような事情は知らなくても、波線部やその直後の「しかしお前は別なところがある人だ」という箇所から不自然さを感じ取ることはできよ

う。

⑤**適当**。「私はうれしかった」「姉は毎日ごはんのお供物をした」「私はあつく感謝した」など、地蔵さんを通じた「私」と姉の交流が印象深く描かれている。「二人の純粋な宗教心や姉弟愛が感じられて」というのは妥当な説明であろう。

⑥**適当**。鮎釣りや地蔵さん、そして学友たちとの不仲を語った後、その時期と自分の年齢を記して、話に一段落をつけている。

### ≫参　考

**視点について**。小説は語り手が読み手に語りかけるという形で話が展開する。その場合、場面や登場人物に対する関与の仕方のことを「視点」といい、主なものに次の三つの方法がある（例文の傍線が視点の位置である）。

**1 登場人物から超越した立場から語る（俯瞰《ふかん》的視点）**

どの登場人物の視点にも立たず、平等に人物たちの言動や心情を上から眺めているように語る。人物の心情には一切立ち入らないこともある。

**例**　駅の西口から、勤め先に向かう群衆があふれるように出てきた。その中に我らが主人公太郎の姿があった。太郎はそこで待ち合わせていた花子を見つけようと、きょろきょろあたりを見回した。でも花子の方が先に太郎を見つけて、急いで駆け寄った。……

**2 特定の登場人物の立場から語る（三人称視点）**

特定の登場人物すなわち主人公の立場に固定して、その人物の目で物事を眺めたり考えたりするように語る。他の人物については外から眺めるだけで、その心情は推測されるだけである。なお主人公が複数いる場合は、視点が転換するのが普通である。

**例（視点が固定される場合）**　太郎は花子と初めてデートをするのだと思うと幸福な気分になり、見慣れているはずの景色までも初めて見るような、とても新鮮な気がした。……花子は淡い水色のノースリーブのワンピースを着て現れた。心なしかはにかんでいるように太郎には思えて、それがまたうれしかった。……

**例（視点が転換する場合）**　太郎は花子との初めてのデートで心が高ぶって落ち着かず、レストランでの食事の最中にナイフを落としてしまった。しまった！と思い、慌てて身をかがめた。花子も上気して動作がぎこちなかったが、太郎のまごつく様子を見て、ある種のいとおしさを感じ、不思議と心が落ち着いてきて……

**３　語り手が登場人物となって語る（一人称視点）**

「私」「ぼく」などの一人称を用いて自身の体験を語る。そのためリアルで生々しい印象を生み出せるが、視点が自分自身に限定されるため、主観的な語りとなる。もちろん他者の心情をそのままに描くことはできない。また視点が転換することもない。

**例**　ぼくは花子の前でナイフを落としてしまって、これでもうだめだと思った。でも花子はそれをとがめたり、見なかったふりをしたりせず、にっこりとほほえんでくれた。私もよくやるのよと、その目が語っていた。それでぼくは、よしっ、と心の中で叫んだ。……

# 演習問題8

**問題**　次の【資料Ⅰ】（文章、図、グラフ1～グラフ3）と【資料Ⅱ】は、気候変動が健康に与える影響について調べていたひかるさんが見つけた資料の一部である。これらを読んで、後の問い（問1～3）に答えよ。（配点　20）

目標時間　15分

**【資料Ⅰ】**

**文章**　**健康分野における、気候変動の影響について**

ⓐ気候変動による気温上昇は熱ストレス[注1]を増加させ、熱中症リスク[注2]や暑熱による死亡リスク、その他、呼吸器系疾患等の様々な疾患リスクを増加させる。特に、ⓑ暑熱に対して脆《ぜい》弱性が高い高齢者を中心に、暑熱による超過死亡[注3]が増加傾向にあることが報告されている。年によってばらつきはあるものの、熱中症による救急搬送人員・医療機関受診者数・熱中症死亡者数は増加傾向にある。

ⓒ気温の上昇は感染症を媒介する節足動物[注4]の分布域・個体群密度・活動時期を変化させる。感染者の移動も相まって、国内での感染連鎖が発生することが危惧される。これまで侵入・定着がされていない北海道南部でもヒトスジシマカの生息が拡大する可能性や、日本脳炎ウイルスを媒介する外来性の蚊の鹿児島県以北への分布域拡大の可能性などが新たに指摘されている。

外気温の変化は、水系・食品媒介性感染症[注5]やインフルエンザのような感染症類の流行パターンを変化させる。感染性胃腸炎やロタウイルス感染症、下痢症などの水系・食品媒介性感染症、インフルエンザや手足口病などの感染症類の発症リスク・流行パターンの変化が新たに報告されている。

猛暑や強い台風、大雨等の極端な気象現象の増加に伴いⓓ自然災害が発生すれば、被災者の暑熱リスクや感染症リスク、精神疾患リスク等が増加する可能性がある。

2030 年代までの短期的には、ⓔ温暖化に伴い光化学オキシダント・オゾン等の汚染物質の増加に伴う超過死亡者数が増加するが、それ以降は減少することが予測されている。

健康分野における、気候変動による健康面への影響の概略は、次の図に示すとおりである。

(注) 1　熱ストレス……高温による健康影響の原因の総称。
2　リスク……危険が生じる可能性や度合い。
3　超過死亡……過去のデータから統計的に推定される死者数をどれだけ上回ったかを示す指標。
4　感染症を媒介する節足動物……昆虫やダニ類など。
5　水系・食品媒介性感染症……水、食品を介して発症する感染症。

問題

図

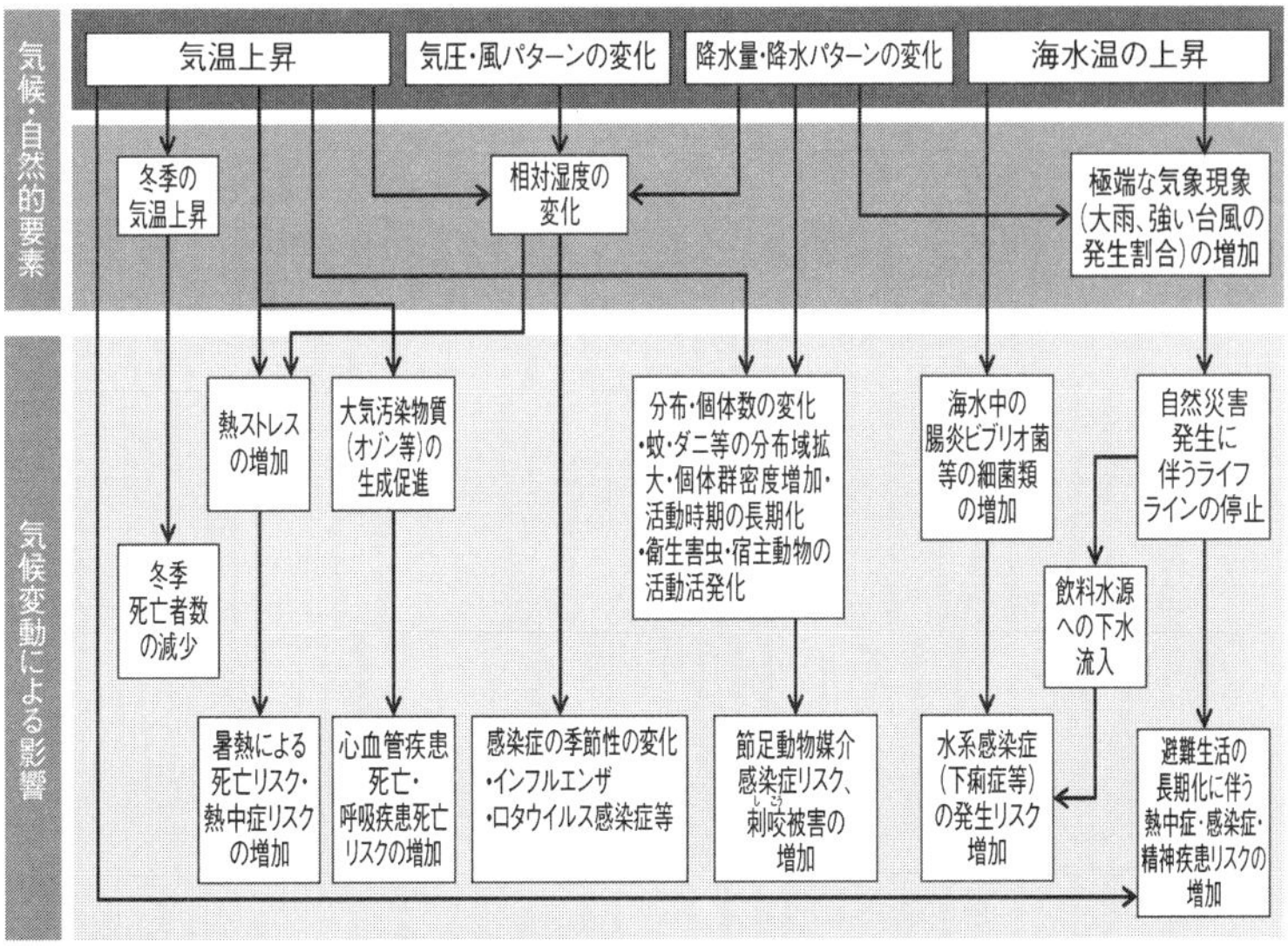


（文章と図は、環境省「気候変動影響評価報告書 詳細（令和２年12月）」をもとに作成）

グラフ1　**日本の年平均気温偏差の経年変化**

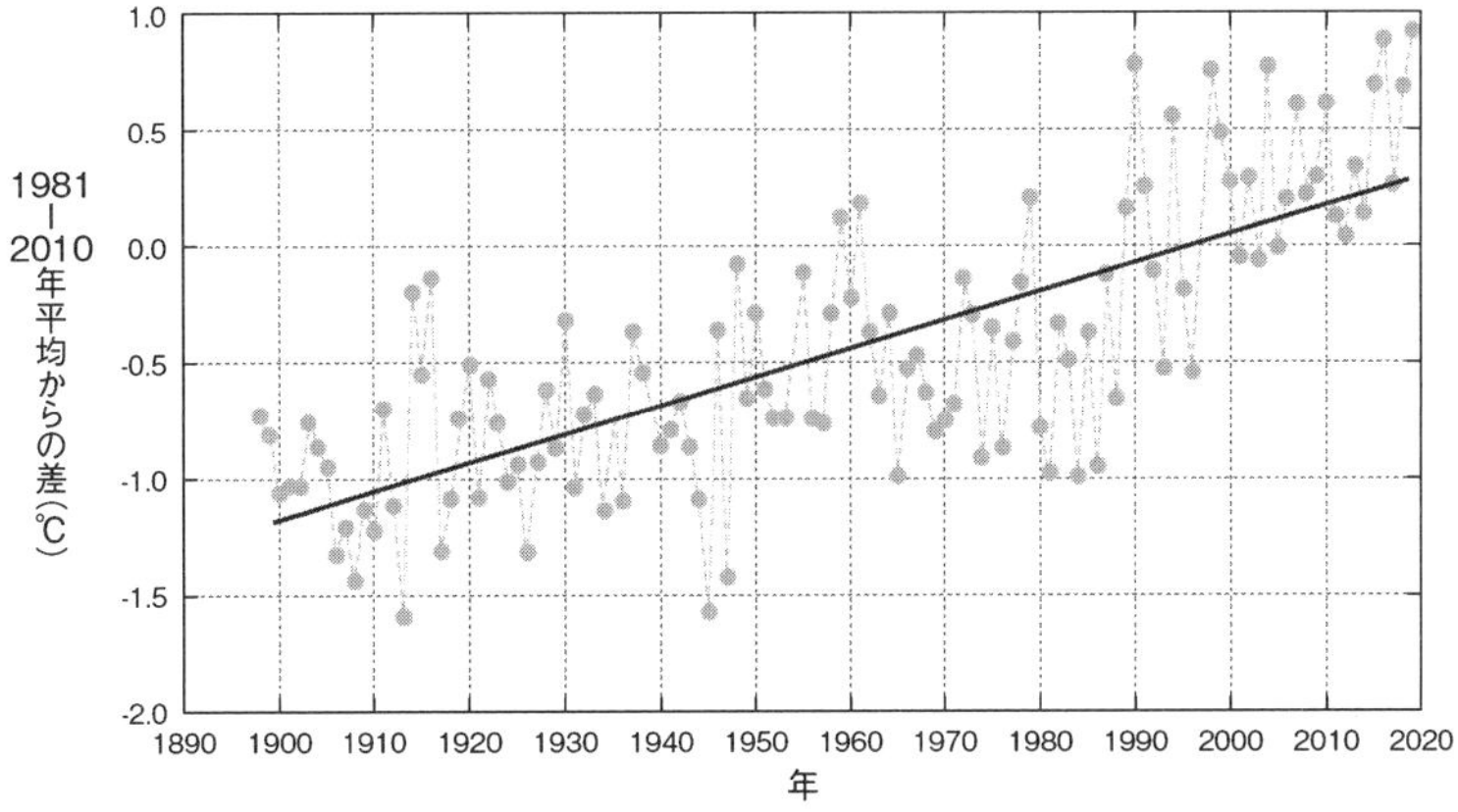


点線で結ばれた点は、国内15観測地点での年平均気温の基準値からの偏差を平均した値を示している。直線は長期変化傾向（この期間の平均的な変化傾向）を示している。基準値は1981～2010年の30年平均値。

グラフ2　日本の年降水量偏差の経年変化

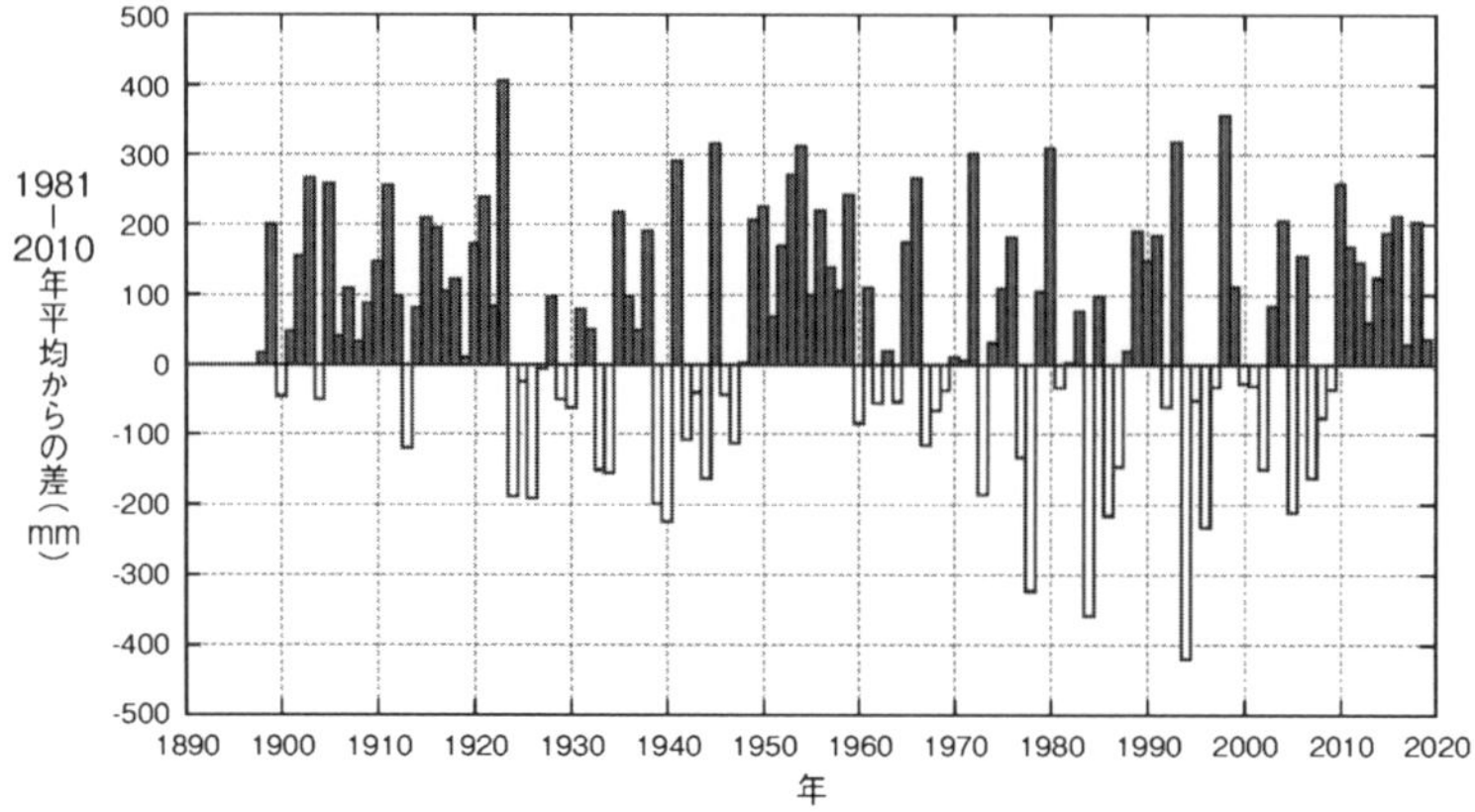


棒グラフは気象庁の観測地点のうち、国内51地点での各年の年降水量の基準値からの偏差を平均した値を示している。0を基準値とし、上側の棒グラフは基準値と比べて多いことを、下側の棒グラフは基準値と比べて少ないことを示している。基準値は1981～2010年の30年間の平均値。

グラフ3　台風の発生数及び日本への接近数

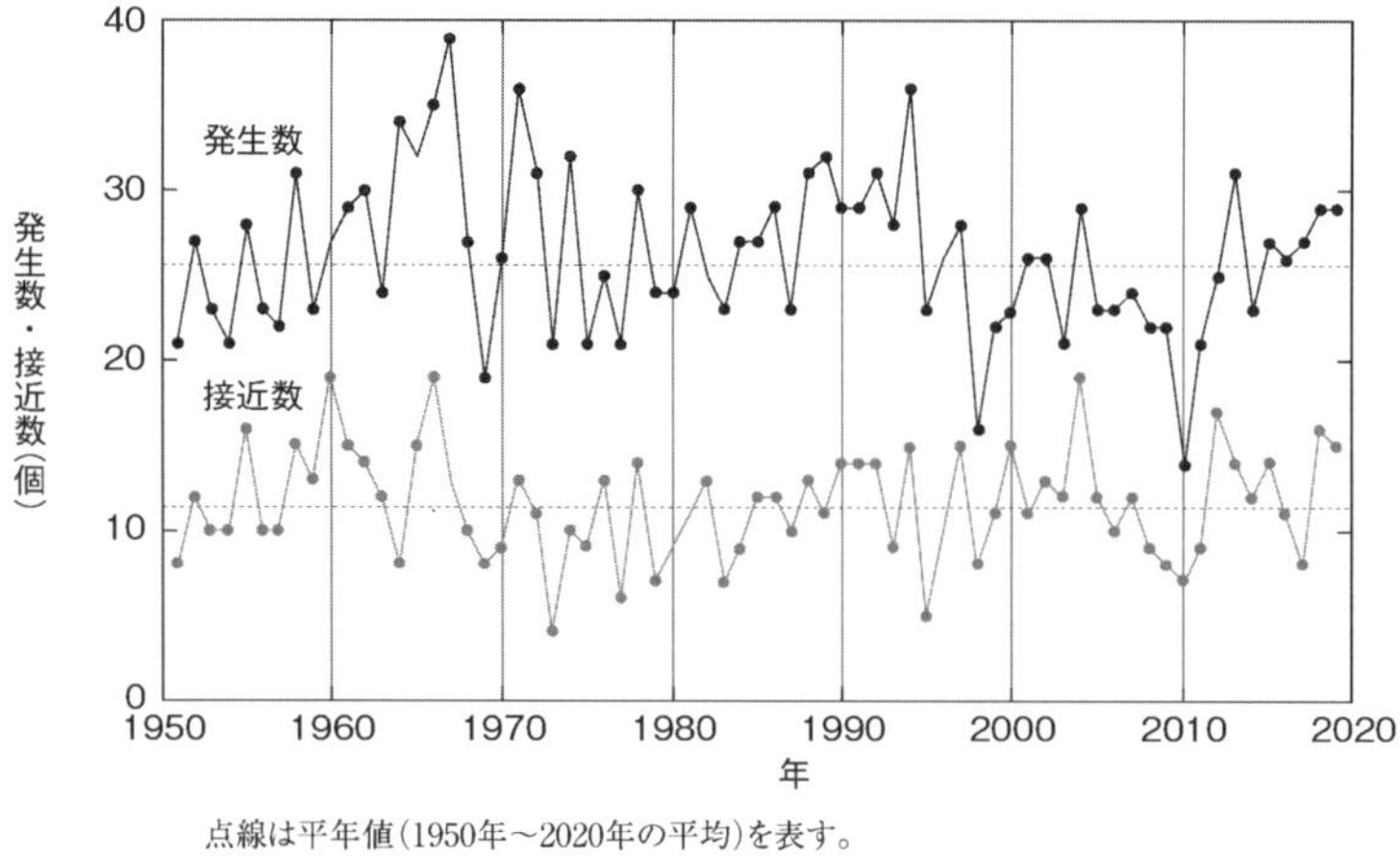


点線は平年値（1950年～2020年の平均）を表す。

（グラフ1～グラフ3は、気象庁「気候変動監視レポート 2019（令和2年7月）」をもとに作成）

【資料Ⅱ】

地球温暖化の対策は、これまで原因となる温室効果ガスの排出を削減する「緩和策」を中心に進められてきた。しかし、世界が早急に緩和策に取り組んだとしても、地球温暖化の進行を完全に制御することはできないと考えられている。温暖化の影響と考えられる事象が世界各地で起こる中、その影響を抑えるためには、私たちの生活・行動様式の変容や防災への投資といった被害を回避、軽減するための「適応策」が求められる。例えば、環境省は熱中症予防情報サイトを設けて、私たちが日々の生活や街中で熱中症を予防するための様々な工夫や取り組みを紹介したり、保健活動にかかわる人向けの保健指導マニュアル「熱中症環境保健マニュアル」を公開したりしている。これも暑熱に対する適応策である。また、健康影響が生じた場合、現状の保健医療体制で住民の医療ニーズに応え、健康水準を保持できるのか、そのために不足しているリソース[注1]があるとすれば何で、必要な施策は何かを特定することが望まれる。例えば、21 世紀半ばに熱中症搬送者数が 2 倍以上となった場合、現行の救急搬送システム（救急隊員数、救急車の数等）ですべての熱中症患者を同じ水準で搬送可能なのか、受け入れる医療機関、病床、医療従事者は足りるのか、といった評価を行い、対策を立案していくことが今後求められる。また緩和策と健康増進を同時に進めるコベネフィット[注2]を追求していくことも推奨される。例えば、自動車の代わりに自転車を使うことは、自動車から排出される温室効果ガスと大気汚染物質を減らし（緩和策）、自転車を漕《こ》ぐことで心肺機能が高まり健康増進につながる。肉食を減らし、野菜食を中心にすることは、家畜の飼育過程で糞《ふん》尿などから大量に排出されるメタンガスなどの温室効果ガスを抑制すると同時に、健康増進につながる。こうしたコベネフィットを社会全体で追求していくことは、各セクター[注3]で縦割りになりがちな適応策に横のつながりをもたらすことが期待される。

（橋爪真弘《はしづめまさひろ》「公衆衛生分野における気候変動の影響と適応策」
〈『保健医療科学』Vol.69 No.5（2020年10月）pp.403-411〉による）

（注）　1　リソース……資源。
　　　　2　コベネフィット……一つの活動が複数の利益につながること。
　　　　3　セクター……部門、部署。

**問1** **【資料Ⅰ】** [**文章**]と[**図**]との関係について、次の（ⅰ）（ⅱ）の問いに答えよ。

（ⅰ）[**文章**]の下線部ⓐ～ⓔの内容には、[**図**]では**省略されているものが二つ**ある。その二つの組合せとして最も適当なものを、次の①～⑤のうちから一つ選べ。
解答番号は [ 1 ]。

① ⓑとⓔ
② ⓐとⓓ
③ ⓒとⓔ
④ ⓑとⓓ
⑤ ⓐとⓒ

（ⅱ）[**図**]の内容や表現の説明として**適当でないもの**を、次の①～⑤のうちから一つ選べ。解答番号は [ 2 ]。

① 「気候変動による影響」として環境及び健康面への影響を整理して図示し、[**文章**]の内容を読み手が理解しやすいように工夫している。
② 気温上昇によって降水量・降水パターンの変化や海水温の上昇が起こるという因果関係を図示することによって、[**文章**]の内容を補足している。
③ 「気候・自然的要素」と「気候変動による影響」に分けて整理することで、どの要素がどのような影響を与えたかがわかるように提示している。
④ 「気候・自然的要素」が及ぼす「気候変動による影響」を図示することにより、特定の現象が複数の影響を生み出し得ることを示唆している。
⑤ 気候変動によって健康分野が受ける複雑な影響を読み手にわかりやすく伝えるために、いくつかの事象に限定して因果関係を図示している。

**問２**　次のア〜エの各文は、ひかるさんが**【資料Ⅰ】**、**【資料Ⅱ】**を根拠としてまとめたものである。**【凡例】**に基づいて各文の内容の正誤を判断したとき、その組合せとして最も適当なものを、後の①〜⑤のうちから一つ選べ。解答番号は **3** 。

**【凡例】**

**正　し　い**——述べられている内容は、正しい。
**誤っている**——述べられている内容は、誤っている。
**判断できない**——述べられている内容の正誤について、**【資料Ⅰ】**、**【資料Ⅱ】**からは判断できない。

ア　気候変動による気温の上昇は、冬における死亡者数の減少につながる一方で、高齢者を中心に熱中症や呼吸器疾患など様々な健康リスクをもたらす。

イ　日本の年降水量の平均は一九〇一年から一九三〇年の三〇年間より一九八一年から二〇一〇年の三〇年間の方が多く、気候変動の一端がうかがえる。

ウ　台風の発生数が平年値よりも多い年は日本で真夏日・猛暑日となる日が多く、気温や海水温の上昇と台風の発生数は関連している可能性がある。

エ　地球温暖化に対して、温室効果ガスの排出削減を目指す緩和策だけでなく、被害を回避、軽減するための適応策や健康増進のための対策も必要である。

| | | | | |
|---|---|---|---|---|
| ① | ア　正しい | イ　誤っている | ウ　誤っている | エ　判断できない |
| ② | ア　誤っている | イ　判断できない | ウ　誤っている | エ　誤っている |
| ③ | ア　正しい | イ　誤っている | ウ　判断できない | エ　正しい |
| ④ | ア　誤っている | イ　正しい | ウ　判断できない | エ　正しい |
| ⑤ | ア　判断できない | イ　正しい | ウ　判断できない | エ　誤っている |

**問３**　気候変動が健康に影響を与えることを知り、高校生として何ができるか考えたひかるさんは、**【資料Ⅰ】**と**【資料Ⅱ】**を踏まえたレポートを書くことにした。次の**【目次】**は、ひかるさんがレポートの内容と構成を考えるために作成したものである。これを読んで、後の（ⅰ）（ⅱ）の問いに答えよ。

**【目次】**

テーマ：気候変動が健康に与える影響と対策

はじめに：テーマ設定の理由

第１章　気候変動が私たちの健康に与える影響
- a 暑熱による死亡リスクや様々な疾患リスクの増加
- b 感染症の発生リスクの増加
- c 自然災害の発生による被災者の健康リスクの増加

第２章　データによる気候変動の実態
- a 日本の年平均気温の経年変化
- b 日本の年降水量の経年変化
- c 台風の発生数及び日本への接近数

第３章　気候変動に対して健康のために取り組むべきこと
- a 生活や行動様式を変えること
- b 防災に対して投資すること
- c [ X ]
- d コベネフィットを追求すること

おわりに：調査をふりかえって

参考文献

(ⅰ) 【資料Ⅱ】を踏まえて、レポートの第3章の構成を考えたとき、【目次】の空欄 X に入る内容として最も適当なものを、次の①～⑤のうちから一つ選べ。解答番号は 4 。

① 熱中症予防情報サイトを設けて周知に努めること
② 保健活動にかかわる人向けのマニュアルを公開すること
③ 住民の医療ニーズに応えるために必要な施策を特定すること
④ 現行の救急搬送システムの改善点を明らかにすること
⑤ 縦割りになりがちな適応策に横のつながりをもたらすこと

(ⅱ) ひかるさんは、級友に【目次】と【資料Ⅰ】【資料Ⅱ】を示してレポートの内容や構成を説明し、助言をもらった。**助言の内容に誤りがあるもの**を、次の①～⑤のうちから一つ選べ。解答番号は 5 。

① Aさん　テーマに掲げている「対策」という表現は、「健康を守るための対策」なのか、「気候変動を防ぐための対策」なのかわかりにくいから、そこが明確になるように表現すべきだと思うよ。
② Bさん　第1章のbの表現は、aやcの表現とそろえたほうがいいんじゃないかな。「大気汚染物質による感染症の発生リスクの増加」とすれば、発生の原因まで明確に示すことができると思うよ。
③ Cさん　気候変動と健康というテーマで論じるなら、気候変動に関するデータだけでなく、感染症や熱中症の発生状況の推移がわかるデータも提示できると、より根拠が明確になるんじゃないかな。
④ Dさん　第1章で、気候変動が健康に与えるリスクについて述べるんだよね。でも、その前提として気候変動が起きているデータを示すべきだから、第1章と第2章は入れ替えた方が、流れがよくなると思うよ。
⑤ Eさん　第1章から第3章は、調べてわかった事実や見つけた資料の内容の紹介だけで終わっているように見えるけど、それらに基づいたひかるさんなりの考察も書いてみたらどうだろう。

〔令和7年度大学入学共通テスト・試作問題第A問〕

# 演習問題８

# 解答解説

## 解答

問１　(i)＝①（３点）　(ii)＝②（３点）　問２　③（５点）　問３　(i)＝③（４点）　(ii)＝②（５点）

### 出題資料の確認と分析

【資料Ⅰ】は、文章、図、グラフ１～グラフ３の五つの資料からなっている。さらに【資料Ⅱ】とする文章も出されている。このように、資料の点数が多い問題においては、最初に、それぞれの文章や資料がどのようなものなのか、ざっと目を通しておくことが重要である。おおまかには次のように把握することができる。

● 文章　「健康分野における、気候変動の影響について」という題で、気候変動が健康に及ぼす影響について述べる。

● 図　上段に「気候・自然的要素」が、下段に「気候変動による影響」が示され、人間の健康への影響を示す。

● グラフ１　日本の年平均気温の基準値からの偏差の経年変化（推移）を示す。

● グラフ２　日本の年降水量の基準値からの偏差の経年変化を示す。

● グラフ３　台風発生数と日本への接近数の経年変化を示す。

また、【資料Ⅱ】は、地球温暖化への対策を、さまざまな観点から述べた文章である。これらの資料を読み取り、資料同士の関係性を読み取りながら解答する問題である。

## 解説

### 問1 やや難 [1]・[2] 正解は (i)=① (ii)=② 図読み取り 複数資料

(i)【資料I】の[文章]に引かれた下線部ⓐ〜ⓔのうち、[図]**で省略されているもの**（二つ）の組み合わせを選ぶ問題。

一つ一つ、下線部の内容を読み取ったうえで、図にも示されているかどうかを確認する。**文章と図の照合をしなければならない問題**で、時間がかかると思われる。

ⓐは、〈気温上昇による熱ストレス〉について述べている。図では、最上段左端の項目「気温上昇」と「熱ストレスの増加」が矢印で結ばれている。

ⓒは、〈気温上昇による節足動物のさまざまな変化〉について述べている。図では、最上段左端の「気温上昇」から「分布・個体数の変化」（図のほぼ中央）に矢印がつながり、さらにその下の「節足動物媒介感染症リスク」にも矢印がつながっている。

ⓓは、〈自然災害の発生による暑熱・感染症・精神疾患リスクの増加〉について述べている。図では、右端中ほどの「自然災害発生に伴う……」から右端最下段の「避難生活の長期化に伴う熱中症・感染症・精神疾患リスクの増加」に矢印がつながっている。

以上より、ⓐ・ⓒ・ⓓの内容は、図で省略されていない。残ったⓑ、ⓔを確認しよう。

ⓑは、最下段の一番左に「暑熱による死亡リスク・熱中症リスクの増加」とあるが、このリスクが「**高齢者を中心に**」するものかどうかは、図からは読み取れない。よって、下線部内容の一部が省略されている。

ⓔは、「大気汚染物質（オゾン等）の生成促進」と「……死亡リスクの増加」が矢印でつながれており、〈汚染物質増加による死亡者数の増加〉については図から読み取れるが、下線部後半の「**それ以降は減少**」については図には示され

ていない。よって、下線部内容の一部が省略されている。

(ii)　図の内容や表現についての**説明として適当でないもの**を問う問題。図は、左端に「気候・自然的要素」「気候変動による影響」とあるように、**気候の変化がどのような二次的変化を生み、それが人間の健康にどのように影響するか**についての流れを示している。

①**適当**。図示の仕方、文章と図の関係として、内容に問題はない。

②**不適**。文章の目的は健康分野における気候変動の影響であり、**気温上昇がどのような気候変動を引き起こすかという因果関係は示されていない**。よって、これが適当でない選択肢である。もし②が正しいなら、図において、「気温上昇」から「降水量・降水パターンの変化」や「海水温の上昇」への矢印が引かれているはずである。

③**適当**。「気候・自然的要素」と「気候変動による影響」は図の左端の項目名として使われており、両者が分けられ、矢印によって影響関係が示されている。

④**適当**。矢印により、特定の現象から複数の影響が生み出されることが示されている。

⑤**適当**。(i)で見たように、図では省略されている内容もある。よって、複雑な影響をわかりやすく伝えるために事象を限定しているという説明は妥当である。

## 問2　標準　3　正解は③　図読み取り　複数資料　言語活動

【**資料Ⅰ**】【**資料Ⅱ**】の内容を根拠としてまとめたア～エの**文の正誤を判断する問題**。「正しい」「誤っている」「判断できない」のどれに当てはまるかを確認して、適当な組み合わせのものを選ぶようになっている。

ア、**正しい**。図の左端の方で「気温上昇」→「冬季の気温上昇」→「冬季死亡者数の減少」が示されている。また、「熱中症」、「呼吸器疾患」のリスクは、図の最下段の左寄りの二つの枠内に示されている。このリスクが「高齢者を中心に」懸念されることについては、**【資料Ⅰ】**の文章の第一・二文に示されている。

イ、**誤っている。**日本の年降水量は**【資料Ⅰ】**のグラフ2から確認できる。グラフ2の縦軸に「1981－2010年平均からの差」とあり、グラフの下に「0を基準値とし、上側の棒グラフは基準値と比べて多いことを、下側の棒グラフは基準値と比べて少ないことを示している」と説明されていることを確認したうえで、数値の傾向を読み取る。「一九〇一年から一九三〇年の三〇年間」と「一九八一年から二〇一〇年の三〇年間」を比べると、前者の棒グラフのほうが上側に振れていることから、前者のほうが降水量が多いことがわかる。

ウ、「真夏日・猛暑日」の日数を示す資料がないため、「真夏日・猛暑日となる日が多く」が**判断できない。**グラフ1は、全体的に気温が徐々に上昇している傾向を示しているが、その気温が具体的に何℃であるかは示していないことに注意。なお、最高気温が三〇℃以上の日を真夏日、三五℃以上の日を猛暑日という。

エは**【資料Ⅱ】**の内容であり、「緩和策」「適応策」および「健康増進のための対策」を**正しくまとめている。**

以上より、③が正解となる。出題意図を素早くつかんだうえで複数の資料を照合しなければならず、すべての確認を丁寧にやると時間が不足する恐れがある。選択肢の組み合わせで素早く判断する必要があるだろう。たとえば、アが正しいとわかった時点で、①・③の選択肢しか残らないというように、正誤判断の容易なものから確定させていくとよい。

## 問3　標準　4・5　正解は　(i)＝③　(ii)＝②

複数資料　図読み取り　言語活動

**資料を踏まえて作成したレポートの【目次】に関する問題。**

(i)　設問に「【資料Ⅱ】を踏まえて」とあることに注意。空欄は、**【目次】**第3章の「気候変動に対して健康のために取り組むべきこと」の中にあるので、この内容を【資料Ⅱ】から読み取り、空欄に当てはまる内容を抜き出すことになる。【資料Ⅱ】の四、五行目に、aの「生活や行動様式を変えること」、bの「防災に対して投資すること」が提示されており、これを「適応策」とまとめたうえで、その具体例が説明される。そして八行目で「また」として、「健康影響が生じた場合、現状の保健医療体制で住民の医療ニーズに応え」といった「施策」について説明されている。ここから、③の内容が空欄に入ると推測できる。この後の文脈を読むと、十一行目から「例えば」として医療ニーズへの施策の例、次に十四行目で「また」として「コベネフィットを追求していくこと」について述べられる。よって、空欄の後にdの「コベネフィットを追求すること」がきていると確認できる。

以上のように、【資料Ⅱ】の「また」「例えば」という語に注目すれば、次のような文章構造を読み取ることができる。

（1）　地球温暖化対策は、「緩和策」が中心であった。

（2）　しかし、「適応策」も求められる。例えば、……ような適応策である。（a・b）

（3）　また、健康影響が生じたら、必要な施策の特定が望まれる。例えば、……のようなことである。（c）

（4）　また、緩和策と健康増進のコベネフィットの追求も推奨される。例えば、……である。（d）

選択肢①・②は（2）の適応策の例であり、不適。⑤は（4）のコベネフィットに関することなので、不適。（3）の内容にあたるのは③と④である。ただし、④は（3）の施策の一例であり、部分的な内容なので、（3）を全体的に要約した③が正解だと判断できる。

(ii)　**【目次】に示された内容や構成への助言に誤りがあるものを選ぶ**問題。選択肢を一つずつ確認していくしかない。

①　「対策」は第3章で示そうとしているが、気候変動への対策と健康を守る対策の両方が提示されている。テーマとしては何への対策かはっきりしないので、妥当な助言。

②　【資料Ⅰ】の図を確認すると、「大気汚染物質」から矢印でつながるのは「心血管疾患」や「呼吸疾患」であり、

「感染症の発生」とはつながっていない（「感染症」とつながっているのは「相対湿度の変化」という要素である）。よって、この助言は資料の明らかな誤読となる。

③　グラフ1～グラフ3は気候変動データを示しているが、「感染症や熱中症の発生状況の推移」について示すデータはないため、適切な助言。

④　気候変動が起こりそれにより健康被害が発生するという論理展開を推奨する指摘であり、適切である。

⑤　まとめとして筆者の考察・提言を入れるのはレポートとして必要不可欠な要素であり、よい指摘。ただし、目次の「おわりに：調査をふりかえって」の中で「考察」を述べることが想定されている可能性はあるが、助言としては誤っていない。

問1を解く際に図の読み取りのコツがつかめていれば、②の決定的誤りに気づけただろう。

# 演習問題９

問題

目標時間　12分

問題　ヒロミさんは、日本語の独特な言葉遣いについて調べ、「言葉遣いへの自覚」という題で自分の考えを【レポート】にまとめた。【資料Ⅰ】～【資料Ⅲ】は、【レポート】に引用するためにアンケート結果や参考文献の一部を、見出しを付けて整理したものである。これらを読んで、後の問い（問１～４）に答えよ。（配点　20）

【レポート】

男女間の言葉遣いの違いは、どこにあるのだろうか。【資料Ⅰ】によると、男女の言葉遣いは同じでないと思っている人の割合は、七割以上いる。実際、「このバスに乗ればいいのよね？」は女の子の話し方として、「このカレーライスうまいね！」は男の子の話し方として認識されている。これは、性差によって言葉遣いがはっきり分かれているという、日本語の特徴の反映ではないだろうか。

一方、［　X　］にも着目すると、男女の言葉遣いの違いを認識しているものの、女性らしいとされていた言葉遣いがあまり用いられず、逆に男性らしいとされる言葉遣いをしている女性も少なからず存在することが分かる。

ここで、【資料Ⅱ】【資料Ⅲ】の「役割語」を参照したい。これらの資料によれば、言葉遣いの違いは性別によるとはかぎらない、そして、［　Y　］ということである。

たしかに、マンガやアニメ、小説などのフィクションにおいて、このような役割語は、非常に発達している。役割語がなければ、「キャラクタ」を描けないようにすら感じる。とくに、文字は映像と違って、顔は見えないし声も聞こえない。役割語が効率的にキャラクタを描き分けることによって、それぞれのイメージを読者に伝えることができる。その一方で、キャラクタのイメージがワンパターンに陥ってしまうこともある。

それでは、現実の世界ではどうだろうか。私たちの身近にある例を次にいくつか挙げてみよう。

［　Z　］

以上のように、私たちの周りには多くの役割語があふれている。したがって、役割語の性質を理解したうえで、フィクションとして楽しんだり、時と場所によって用いるかどうかを判断したりするなど、自らの言葉遣いについても自覚的でありたい。

**【資料Ｉ】　性別による言葉遣いの違い**

調査期間　2008/11/23〜2008/12/08

調査対象　小学生〜高校生 10,930 人（男子 5,787 人、女子 5,107 人、無回答 36 人）

調査方法　任意で回答

単位　　　全て％

質問 1

男の子（人）が使うことばと、女の子（人）が使うことばは、同じだと思いますか？

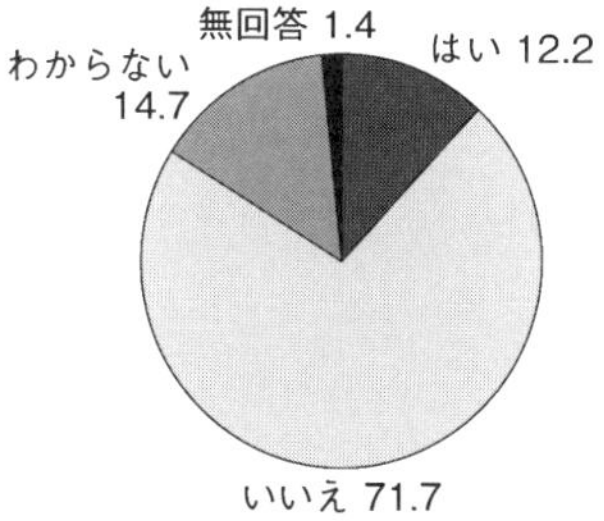


質問 2

①次の各文は、男の子、女の子、どちらの話し方だと思いますか？

「このバスに乗ればいいのよね？」　　「このカレーライスうまいね！」

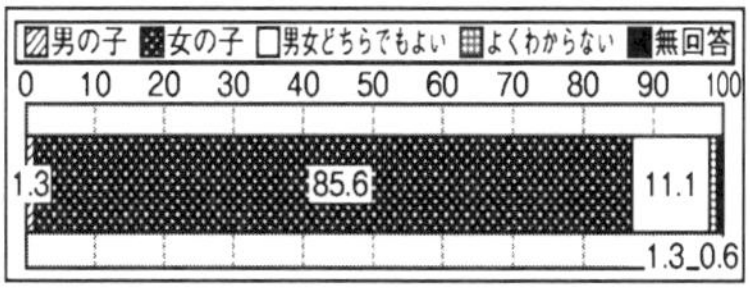


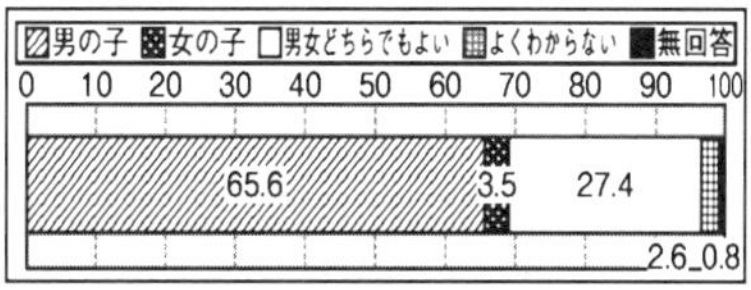


②次のようなことばづかいはしますか？

「このバスに乗ればいいのよね？」　　「このカレーライスうまいね！」

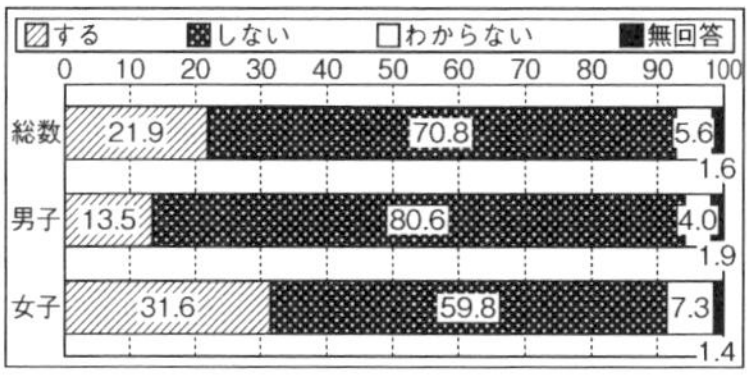


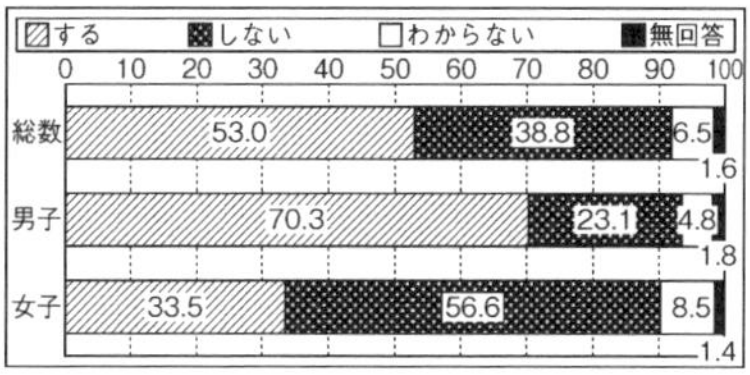


（旺文社「第 6 回ことばに関するアンケート」による）

**【資料Ⅱ】　役割語の定義**

役割語について、金水敏『ヴァーチャル日本語　役割語の謎』（岩波書店、二〇〇三年、二〇五頁）では次のように定義している。

ある特定の言葉遣い（語彙・語法・言い回し・イントネーション等）を聞くと特定の人物像（年齢、性別、職業、階層、時代、容姿・風貌、性格等）を思い浮かべることができるとき、あるいはある特定の人物像を提示されると、その人物がいかにも使用しそうな言葉遣いを思い浮かべることができるとき、その言葉遣いを「役割語」と呼ぶ。

すなわち、特定の話し方あるいは言葉遣いと特定の人物像（キャラクタ）との心理的な連合であり、（注）ステレオタイプの言語版であるとも言える。役割語の分かりやすい例として、次のようなものを挙げることができる。

a　おお、そうじゃ、わしが知っておるんじゃ。
b　あら、そうよ、わたくしが知っておりますわ。
c　うん、そうだよ、ぼくが知ってるよ。
d　んだ、んだ、おら知ってるだ。
e　そやそや、わしが知ってまっせー。
f　うむ、さよう、せっしゃが存じております。

上記の話し方はいずれも論理的な内容が同じであるが、想起させる話し手が異なる。例えばaは男性老人、bはお嬢様、cは男の子、dは田舎もの、eは関西人、fは武士などの話し手が当てられるであろう。

（金水敏《きんすいさとし》「役割語と日本語教育」『日本語教育』第一五〇号による）

（注）　ステレオタイプ――型にはまった画一的なイメージ。紋切り型。

**【資料Ⅲ】　役割語の習得時期**

多くの日本語話者は、「あら、すてきだわ」「おい、おれは行くぜ」のような言い方が女性や男性の話し方を想起させるという知識を共有している。しかし、現実の日常生活の中でこのようないかにも女性的、いかにも男性的というような表現は今日の日本ではやはりまれになっている。

日常的な音声言語に、語彙・語法的な特徴と性差に関する積極的な証拠が乏しいにもかかわらず、多くのネイティブの日本語話者は、〈男ことば〉と〈女ことば〉を正しく認識する。むろんこれは、絵本やテレビなどの作品の受容を通して知識を受け入れているのである。この点について考えるために、私が代表者を務める(注)科研費の研究グループで、幼児の役割語認識の発達に関する予備的な実験調査を紹介しよう。図1として示すのは、その実験に用いたイラストである。

この図を被実験者の幼児に示し、さらに音声刺激として次のような文の読み上げを聞かせ、絵の人物を指し示させた。

a　おれは、この町が大好きだぜ。
b　あたしは、この町が大好きなのよ。
c　わしは、この町が大好きなんじゃ。
d　ぼくは、この町が大好きさ。
e　わたくしは、この町が大好きですわ。

図１　役割語習得に関する実験刺激

その結果、三歳児では性差を含む役割語の認識が十分でなかったのに対し、五歳児ではほぼ完璧にできることが分かった(音声的な刺激を用いたので、語彙・語法的な指標と音声的な指標のどちらが効いていたかはこれからの検討課題である)。

幼児が、これらの人物像すべてに現実に出会うということはほとんど考えにくい。これに対して、幼児が日常的に触れる絵本やアニメ作品等には、役割語の例があふれている。

（金水敏「役割語と日本語教育」『日本語教育』第一五〇号による）

（注）　科研費――科学研究費補助金の略。学術研究を発展させることを目的にする競争的資金。

**問１**　**【レポート】**の空欄［Ｘ］には、**【レポート】**の展開を踏まえた**【資料Ⅰ】**の説明が入る。その説明として最も適当なものを、次の①～⑤のうちから一つ選べ。解答番号は［１］。

①　「このバスに乗ればいいのよね？」を使わない女子は六割近くにのぼり、「このカレーライスうまいね！」を使わない男子は二割を超えていること

②　「このバスに乗ればいいのよね？」を使う女子は三割程度にとどまり、「このカレーライスうまいね！」を使う女子は三割を超えていること

③　「このバスに乗ればいいのよね？」を使わない女子は六割近くにのぼり、「このカレーライスうまいね！」を使わない男女は四割近くにのぼること

④　「このバスに乗ればいいのよね？」を使わない女子は六割近くにのぼり、「このカレーライスうまいね！」を使うか分からないという女子は一割程度にとどまっていること

⑤　「このバスに乗ればいいのよね？」を使う女子は三割程度にとどまり、「このカレーライスうまいね！」を男女どちらが使ってもいいと考える人は三割近くにのぼること

**問2**　**【レポート】**の空欄 Y には、**【資料Ⅱ】**及び**【資料Ⅲ】**の要約が入る。その要約として最も適当なものを、次の①～⑤のうちから一つ選べ。解答番号は **2** 。

① イラストと音声刺激を用いた発達段階に関する調査によって、役割語の認識は、五歳でほぼ獲得されることが明らかになったが、それは絵本やアニメといった幼児向けのフィクションの影響である

② 役割語とは、特定の人物像を想起させたり特定の人物がいかにも使用しそうだと感じさせたりする語彙や言い回しなどの言葉遣いのことであり、日本語の言葉遣いの特徴を端的に示した概念である

③ 年齢や職業、性格といった話し手の人物像に関する情報と結びつけられた言葉遣いを役割語と呼び、私たちはそうした言葉遣いを幼児期から絵本やアニメ等の登場人物の話し方を通して学んでいる

④ 日本語話者であれば言葉遣いだけで特定の人物のイメージを思い浮かべることができるが、こうした特定のイメージが社会で広く共有されるに至ったステレオタイプとしての言語が役割語である

⑤ 特定の人物のイメージを喚起する役割語の力が非常に強いのは、幼児期からフィクションを通して刷り込まれているためであるが、成長の過程で理性的な判断によってそのイメージは変えられる

**問３**　**【レポート】**の空欄［Ｚ］には、役割語の例が入る。その例として**適当でないもの**を、次の①～⑤のうちから一つ選べ。解答番号は［３］。

① 家族や友だちに対してはくだけた言葉遣いで話すことが多い人が、他人の目を意識して、親密な人にも敬語を用いて話し方を変える場合が見受けられる。

② アニメやマンガ、映画の登場人物を真似るなどして、一般的に男性が用いる「僕」や「俺」などの一人称代名詞を用いる女性が見受けられる。

③ ふだん共通語を話す人が話す不自然な方言よりも、周りが方言を話す環境で育てられた人が話す自然な方言の方が好まれるという傾向が見受けられる。

④ 「ツッコミキャラ」、「天然キャラ」などの類型的な人物像が浸透し、場面に応じてそれらを使い分けるというコミュニケーションが見受けられる。

⑤ スポーツニュースで外国人男性選手の言葉が、「俺は～だぜ」、「～さ」などと男性言葉をことさら強調して翻訳される場合が見受けられる。

**問４**　ヒロミさんは、**【レポート】**の主張をより理解してもらうためには論拠が不十分であることに気づき、補足しようと考えた。その内容として適当なものを、次の①〜⑥のうちから**二つ**選べ。ただし、解答の順序は問わない。解答番号は［４］・［５］。

① 「今日は学校に行くの」という表現を例にして、日本語における役割語では語彙や語法より音声的な要素が重要であるため、文末のイントネーションによって男女どちらの言葉遣いにもなることを補足する。

② 英語の「I」に対応する日本語が「わたし」、「わたくし」、「おれ」、「ぼく」など多様に存在することを例示し、一人称代名詞の使い分けだけでも具体的な人物像を想起させることができることを補足する。

③ マンガやアニメなどに登場する武士や忍者が用いるとされる「〜でござる」という文末表現が江戸時代にはすでに使われていたことを指摘し、役割語の多くが江戸時代の言葉を反映していることを補足する。

④ 役割語と性別、年齢、仕事の種類、見た目などのイメージとがつながりやすいことを踏まえ、不用意に役割語を用いることは人間関係において個性を固定化してしまう可能性があるということを補足する。

⑤ 絵本やアニメなどの幼児向けの作品を通していつの間にか認識されるという役割語の習得過程とその影響力の大きさを示し、この時期の幼児教育には子どもの語彙を豊かにする可能性があるということを補足する。

⑥ 役割語であると認識されてはいても実際の場面ではあまり用いられないという役割語使用の実情をもとに、一人称代名詞や文末表現などの役割語の数が将来減少してしまう可能性があるということを補足する。

〔令和７年度大学入学共通テスト・試作問題第Ｂ問〕

# 演習問題９

解答解説

## 解答

問１　②（４点）　問２　③（３点）　問３　③（３点）　問４　②-④（10点・各５点）

（注）　-（ハイフン）でつながれた正解は、順序を問わない。

### 出題資料の確認と分析

【レポート】および【資料Ⅰ】～【資料Ⅲ】が与えられている。このうち【資料Ⅰ】にはグラフが複数含まれているが、ほかの資料は文章である（【資料Ⅲ】には図（イラスト）が含まれる）。

「言葉遣いへの自覚」と題された【レポート】に空欄が設けられており、これが中心となる資料である。その他の資料について、設問に取りかかる前にひととおりざっと確認しておこう。

- **資料Ⅰ**　「性別による言葉遣いの違い」について調べており、アンケートの結果がグラフで示されている。
- **資料Ⅱ**　「役割語の定義」について説明した文章。
- **資料Ⅲ**　「役割語の習得時期」について説明した文章。図を含む。

## 解説

### 問１ 標準 1 正解は② 複数資料 図読み取り 言語活動

**【レポート】の空欄を補充する問題。**空欄に入る内容を**【資料Ⅰ】**から確認し、説明として適当な選択肢を選ぶ。空欄の前後の文脈を読み取ろう。

- **【資料Ⅰ】**によると、性差によって言葉遣いがはっきり分かれている。
- 一方、X にも着目すると、女性らしいとされる言葉遣いがあまり用いられず、男性らしいとされる言葉遣いをしている女性が存在する。

という展開である。よって空欄には、**【資料Ⅰ】**から読み取られた、〈A、**女性らしいとされる話し方があまり使われない**〉および〈B、**女性も男性らしいとされる話し方をしている**〉という内容が入る。

**【資料Ⅰ】**の質問2の①から、「～いいのよね」は「女の子」の話し方、「うまいね」は「男の子」の話し方と認識されているとわかる。一方、②によると、「このバスに乗ればいいのよね?」（=「女の子」の話し方）を6割近い女子は使っていない。また「男の子」の言葉遣いと認識される「このカレーライスうまいね！」は3割以上の女子に使われている。これらが、AおよびBの根拠のデータとなり、これを説明しているのは②である。

なお、②以外の選択肢も、**【資料Ⅰ】**のデータの読み取りとしては誤っていないが、**【レポート】**の文脈に合っているのは②だけである。よって、**【レポート】**と**【資料Ⅰ】**の両方を確認しないと正解は導けない問題となっている。

①は、Aの根拠はあるがBの根拠がない。③・④・⑤は、Aの根拠はあるがBの根拠の説明が不適切である。

## 問2　標準　2　正解は③　複数資料　言語活動

【レポート】の空欄を補充する問題。【資料Ⅱ】【資料Ⅲ】を適切に要約した選択肢を選ぶ。

【資料Ⅱ】には「役割語の定義」という見出しがついている。役割語とは、特定の人物像を思い浮かべることができる言葉遣いだという説明がされている。【資料Ⅲ】は「役割語の習得時期」という見出しで、幼児期に見た絵本やテレビなどの作品の受容を通して、性差による言葉遣いの知識を認識していることが説明されている。各選択肢が、「定義」と「習得時期」の両方を説明する内容かどうかを確認する。

正解は③で、話し手の人物像と結びつけられた言葉遣いを役割語と呼び、幼児期から絵本やアニメ等の登場人物の話し方を通して学んでいると説明している。①は役割語の「定義」が説明されておらず、②・④は「習得時期」が説明されていないため、要約として不適。⑤は「成長の過程で……変えられる」が資料にない説明で、誤りとなる。

## 問3　やや難　3　正解は③　複数資料　言語活動

【レポート】の空欄補充の問題。「役割語」の例として適当でないものを選ぶ。

【資料Ⅱ】にあった「役割語」の定義から、どのような言葉遣いが役割語かを理解することが重要。【資料Ⅱ】には、「役割語」とは「ある特定の言葉遣い（語彙・語法・言い回し・イントネーション等）を聞くと特定の人物像（年齢、性別、職業、階層、時代、容姿・風貌、性格等）を思い浮かべることができる」言葉遣いであり、「特定の人物像を提示されると、その人物がいかにも使用しそうな言葉遣いを思い浮かべることができるとき」の言葉遣いだと定義されている。「ステレオタイプの言語版」と言い換えられているのがわかりやすい。

① 判断が難しい選択肢。他人の目を意識して話し方を変えるということは、言葉遣いにより人物像を把握されるこ

とを意識した話し方であるので、役割語の使い方の例となる。

②【資料Ⅲ】に「絵本やアニメ作品等には、役割語の例があふれている」とあり、登場人物の話し方を真似るのは、作品の受容による役割語習得の例となる。

③自然な方言の方が好まれるという内容であり、方言によって人物像が把握できるという説明ではないため、言葉遣いから特定の人物像を認識する「役割語」の説明ではない。方言については、たとえば、「ふだん共通語を話す人が、関西人を装って関西弁で話す。」のような例ならば、役割語としての使い方の例となる。

④「類型的な人物像」をコミュニケーションの中で使い分けるのは「役割語」の働きである。【レポート】最終文の「時と場所によって用いるかどうかを判断したりする」にも合致する。

⑤「男性言葉」は、男性という「特定の人物像」を想起させるものであり、「役割語」の顕著な例である。

## 問４　やや難　4・5　正解は②・④　複数資料　言語活動

【レポート】の主張の論拠を補強するための内容として適当なものを選ぶ問題。【レポート】に書かれた内容を確認すると、各資料から、以下のような主旨を読み取っていることがわかる。

【資料Ⅰ】男女の言葉遣いの違いは認識されているが、女性らしいとされる言葉遣いはあまり用いられていない。

【資料Ⅱ】特定の人物像を想起させる言葉遣いが「役割語」である。

【資料Ⅲ】絵本やアニメなど、フィクションを通して役割語を身につけている。

この読み取りから、時と場所によって「役割語」を用いるかどうかを自覚的に判断するべきだ、という結論を出しており、これが「【レポート】の主張」となる。

以上の把握をもとに、選択肢の中から、主張の補強として適するものを選択する。

①　不適。イントネーションなどの音声的な要素が役割語の性質の一つだという説明を加えても、「主張」を強めることにはならない。
②　一人称代名詞が「わたし」「わたくし」「おれ」「ぼく」など多数あり、各々から異なった人物像を想起できるという説明は、言葉遣いの自覚的判断の必要性を補強する内容となるので、適する選択肢。
③　不適。役割語の歴史的展開を指摘しても、「役割語」使用の判断には結びつかない。
④　「不用意に役割語を用いることは人間関係において個性を固定化してしまう可能性がある」という説明は、自覚的判断の大切さを強調することに役立つものであり、適する選択肢。
⑤　習得過程と影響力の大きさを示すことは、自覚的判断の必要性を訴える結論に結びつくので、前半は正しい。しかし、「幼児教育には子どもの語彙を豊かにする可能性がある」ことを補足しても、説明内容が拡散するだけで、「主張」の補強にはならない。
⑥　不適。「役割語の数が将来減少してしまう可能性」を指摘しても、自覚的判断の必要性を述べた主張の補強には全く結びつかない。

【レポート】の主張に至る展開を捉えたうえで、主張の論拠を補強する方法となっているかについて、選択肢を一つ一つ検討する必要がある。文章読解の基礎力と、読み取った結果から考察する思考力を測る問題。これを短時間で行わなくてはいけないという点に注意を要する。